Michel GIFFARD
Michel MORAL

COACHING D'ÉQUIPE

Outils et pratiques

ARMAND COLIN

Des mêmes auteurs

GIFFARD Michel, *Développez votre intuition et celle de votre équipe,* Paris, Éditions ESF, 1992.
GIFFARD Michel, *Les équipes intelligentes,* ouvrage collectif CRC, Paris, Éditions d'Organisation, 1999.
GIFFARD Michel, *Coaché* ! Paris, Éditions d'Organisation, 2003.
MORAL Michel, *Le Manager global : comment piloter une équipe multiculturelle*, Dunod, Paris, 2004.
MORAL Michel et ANGEL Pierre, *Coaching : outils et pratiques*, Armand Colin, Paris, 2006.

Dans la même collection (parutions récentes)

305. BOURGUIGNON O., *La déontologie des psychologues.*
306. HAOUZIR S. et BERNOUSSI A., *Les schizophrénies.*
307. PIRLOT G. et PEDINIELLI J.-L., *Les perversions sexuelles et narcissiques.*
312. PEDINIELLI J.-L. et FERNANDEZ L., *L'observation clinique et l'étude de cas.*
316. MORAL M. et ANGEL P., *Coaching.*
319. HARRATI S., VAVASSORI D., VILLERBU L. M., *Délinquance et violence.*
320. MICHEL A., *Les troubles de l'identité sexuée.*
321. BILHRAN A., *Harcèlement moral.*

Michel GIFFARD, HEC Paris, est directeur de programmes de conduite du changement et directeur pédagogique des CESA Coaching au Groupe HEC.

Michel MORAL, École centrale de Paris, est psychologue clinicien, coach, formateur et superviseur de coachs.

Internet : http/www.armand-colin.com
ISBN : 978-2-200-34767-3

SOMMAIRE

INTRODUCTION

« Progresser en changeant ses points de vue.
L'outil principal de l'homme est son cerveau ».
Charles Péguy

Coacher une personne, chacun commence à comprendre de quoi il s'agit. Mais quand cette personne devient plurielle, de quelle(s) personne(s) parle-t-on ? Comment connaître et concilier les demandes de tous les membres d'une équipe, sachant que pour un groupe de N personnes, le nombre de relations possibles est de N(N-1)/2 ? Par exemple, nous avons 66 relations bilatérales pour une équipe de 12 personnes. Quels rôles jouent le coach et le manager de l'équipe ? Et comment identifier les processus psychologiques en action dans l'équipe : transferts, projections, jeux, relations de pouvoirs, alliances objectives ou affectives, règlements de compte, recherche de bouc émissaire… ?

En quoi le coaching d'équipe se distingue-t-il des séminaires de cohésion d'équipe, de team building, de dynamique ou de développement d'équipe ? En quoi la posture du coach diffère-t-elle de celle du consultant, du formateur ou du manager qui anime un séminaire collectif ? Dans quels contextes le coaching d'équipe se justifie-t-il ? Est-il suffisant d'être un bon coach d'individus pour réussir à coacher une équipe ? Et peut-on alors encore parler de coaching ?

Voilà quelques-unes des questions posées par nos clients managers d'équipes opérationnelles lors de nos interventions en entreprise ou par les coachs que nous entraînons en école de coaching et en université.

Le développement du coaching individuel en France a commencé vers 1990. S'il est arrivé aujourd'hui à un état satisfaisant de conceptualisation et de maturité d'un point de vue opérationnel, il n'en est pas encore de même du coaching d'équipe qui se développe avec une bonne décennie de retard sur le coaching individuel. Pourtant, les perspectives de croissance sont les plus fortes sur cette forme d'intervention :

– le levier de l'équipe et la capacité de ses membres à travailler ensemble s'avèrent très efficaces pour renforcer et fiabiliser les résultats des entreprises, et faire la différence, notamment en raison de la complexité du fonctionnement d'une équipe ;
– les modes d'organisation actuels des entreprises accroissent la complexité et le rythme d'évolution : les équipes se renouvellent et se recomposent en permanence, la mobilité des managers est considérée comme un des fondements de leur performance, le management transversal et par projet se généralise, la diversité culturelle devient un caractère commun aux équipes ;
– le coaching d'équipe apporte une réelle valeur ajoutée par rapport aux autres formes d'intervention, car elle s'appuie de préférence sur la synergie.

Enfin, nous avons constaté que parmi les ouvrages existants, peu traitent des concepts et de la mise en œuvre du coaching d'équipe de façon suffisamment précise, complète et structurée.

1. Le coaching d'équipe et sa démarche

« Je tiens pour impossible de connaître la partie si je ne connais le tout, et de connaître le tout si je ne connais les parties. »
Pascal

Si une équipe dépasse la simple somme de ses membres ; si nous parlons de synergie, d'intelligence collective, d'esprit d'équipe, de recherche du sens commun, de comportements grégaires, d'inconscient collectif ou d'égrégore ; s'il existe une entité « équipe » qui vit, s'exprime et agit, alors le coaching d'équipe peut exister.

Par analogie au coaching d'une personne, coacher une équipe consiste donc à l'accompagner pour qu'elle apporte elle-même ses propres réponses aux questions qu'elle se pose ou aux défis[1], aux challenges[2] et aux problématiques qu'elle rencontre.

1. Un défi est une réponse de l'équipe à une contrainte extérieure.
2. Un challenge est une décision interne à l'équipe de faire mieux, une nécessité librement consentie.

Il ne s'agit donc pas du coaching individuel du manager de l'équipe, même si celui-ci détient souvent le code génétique[1] de l'équipe et donc de la réussite de l'intervention. Le coaching d'équipe envisage l'ensemble d'un groupe d'individus dans leur environnement, dans une vision systémique et non dans une vision linéaire de cause à effet, comme par exemple pour une résolution de conflit entre deux membres d'une équipe.

Le coaché est donc l'équipe. Mais qui est l'équipe ? Chaque membre de l'équipe s'exprime et agit à trois niveaux. D'une part, en son nom propre, en fonction de ses objectifs et pour répondre à ses besoins individuels. D'autre part, en appartenant à cette équipe, il exprime une partie de la pensée collective. Enfin, il appartient à des communautés plus larges – entreprise, pays, métier – qui façonnent ses représentations du monde.

La méthode du coach d'équipe consiste d'abord à écouter ce que dit l'équipe, comment elle le dit et qui le dit dans l'équipe : être capable d'entendre la voix du groupe est un élément fondamental de la phase de diagnostic.

Comme en coaching individuel, le coach d'équipe est le miroir qui permet à l'équipe de visualiser son propre système de représentation, d'identifier les points forts et les dysfonctionnements dans sa perception de la réalité, de faire évoluer ses processus de fonctionnement et, plus généralement, d'inventer ses propres solutions.

Le coach d'équipe n'est donc pas l'expert des processus propres à l'équipe ni du contenu de ce qu'elle doit produire en tant qu'équipe, des résultats à atteindre ou des chemins pour y parvenir. Il l'accompagne afin qu'elle détermine elle-même ses propres choix. Ce qui exclut absolument toute relation privilégiée avec l'un des membres, hormis les aspects pratiques liés à l'intervention et réalisés en transparence : signer le contrat avec le patron, organiser la logistique avec le responsable administratif.

La démarche suivie par le coach d'équipe s'apparente à celle d'un coaching d'individuel. La principale différence réside dans la nature du sujet coaché : *un groupe est perçu comme beaucoup plus complexe qu'un individu seul car il présente un niveau de réactivité supérieur*.

1. L'idée initiale et les valeurs d'origine ayant présidé à la création de l'équipe.

Celle-ci peut s'exprimer à la fois par une violence instinctive et archaïque et par des capacités de progrès très rapides. La durée de l'intervention est généralement différente : six mois à un an en coaching individuel, un à deux ans en coaching d'équipe, plus de trois ans en coaching d'organisation (voir chapitre 5).

La démarche de coaching ou d'accompagnement d'une équipe s'appuie sur deux dispositifs complémentaires :

– l'équipe face au coach, dans une série d'entretiens collectifs et de réunions spécifiques, souvent hors de l'entreprise et des contraintes opérationnelles ;
– la supervision de réunions de travail habituelles de l'équipe suivies par des débriefings et des plans d'action.

Les actions menées par le coach d'équipe consistent notamment à :
– travailler la demande de l'équipe, ou plutôt les demandes officielles et cachées des membres de l'équipe, celles du manager et de l'entreprise ;
– proposer un cadre méthodologique pour cette démarche de changement : contrat, demande, logistique, durée, processus, étapes, régulations, feed back, synthèses ;
– adopter une position basse fondée sur le lâcher prise et le non-interventionnisme : être en attente, ne pas vouloir à la place de l'équipe, lui faire constater ce qui se passe afin qu'elle en tire elle-même les conséquences ;
– gérer le temps en faisant travailler l'équipe pour passer de l'état actuel à l'état désiré, amener l'équipe à faire le point pour vérifier si elle se situe bien sur le chemin choisi à un moment donné.

Un manager peut également pratiquer le coaching avec son équipe s'il a reçu une formation préalable et pour certaines problématiques particulières, comme il peut le faire pour un collaborateur. Cette ouverture est d'autant plus intéressante que 90 % du temps du manager est collectif.

Le coaching d'équipe devient ainsi une compétence du manager pour l'aider à gagner la bataille des talents : les meilleurs talents sont attirés par les équipes qui leur offrent un espace pertinent afin de renforcer leur employabilité.

2. Le coaching d'équipe, nouveau nom marketing du team building ?

« Le contraire d'une vérité profonde n'est pas une erreur, mais une autre vérité profonde. »
Niels Bohr

Coaching d'équipe et team building sont deux modes d'intervention différents pour piloter le changement d'une équipe. Ils peuvent être complémentaires, le coaching d'équipe intégrant souvent des actions de team building dans sa démarche.

Le coaching d'équipe se distingue du team building essentiellement par la posture du coach, les méthodes utilisées et la durée de l'intervention.

Dans un **coaching d'équipe**, le coach accompagne l'équipe sur une période de plusieurs mois avec la finalité :

– de l'aider à optimiser les processus et les modes de fonctionnement collectifs de partage d'information, de décision et d'action ;
– de développer sa maturité en accélérant son évolution ;
– d'accroître ses performances collectives dans la durée en mesurant les progrès réalisés et les résultats concrets obtenus.

Le coach d'équipe est centré sur l'équipe et ne prend pas la place du manager. Afin d'aider celui-ci à développer l'autonomie[1] de son équipe, le coach agit dans un cadre opérationnel déjà existant.

Les actions de **construction, de cohésion ou de dynamisation d'équipe (parfois appelées team building ou team development)** sont centrées sur le résultat à atteindre. Ces interventions sont ponctuelles et souvent réalisées sous forme de séminaires, parfois précédés par une préparation et suivis par des piqûres de rappel. Un animateur extérieur à l'équipe peut être sollicité afin de piloter l'intervention.

Pour aller plus loin, éclairons les principales différences entre des activités proches et parfois confondues.

---

1. C'est-à-dire la capacité à se nommer elle-même : son identité, ses principes d'action, ses finalités.

Le manager ou l'entraîneur d'une équipe est responsable des résultats opérationnels. Il donne des orientations et des instructions à ses équipiers afin d'atteindre ces résultats dans les meilleures conditions. Le coach d'équipe est responsable du processus de coaching proposé à l'équipe. L'équipe est responsable des actions et des changements engagés lors du coaching. Un coaching est réussi quand l'équipe s'approprie les résultats, voire lorsqu'elle rejette son coach.

Le formateur transmet des savoirs et des connaissances à une équipe. Il lui propose aussi un espace d'apprentissage pour se les approprier en dehors de la situation réelle. Le coach d'équipe l'aide à trouver elle-même ses propres réponses à partir de ses compétences et de son niveau actuel de conscience, de développement et de responsabilité.

Le consultant ou l'expert d'une technique apporte des solutions et fait des recommandations pour traiter les problématiques d'une équipe. Le coach d'équipe l'accompagne afin qu'elle détermine elle-même quels résultats elle souhaite atteindre et comment elle va s'y prendre.

Par exemple, pour élaborer la stratégie d'une entreprise, son Comité de Direction a le choix entre deux méthodes :
– faire appel à un cabinet de conseil en stratégie, si possible « de renom » afin de couper court à toute discussion. Après des études techniques, celui-ci remettra ses conclusions. Il s'agit bien d'une démarche de conseil, centrée sur l'objet à traiter, même si le cabinet adopte une approche participative en associant le Comité de Direction aux étapes de décision importantes ;
– faire intervenir un cabinet de coaching d'équipe[1] : il en existe depuis peu. Celui-ci se centrera sur le Comité de Direction, sur sa vision de l'environnement, sur les opportunités et les risques, sur les facteurs clés de succès de l'entreprise perçus de l'intérieur, sur les compétences clés internes à associer, sur les choix de mise en œuvre fondés sur l'engagement des membres du Comité. Des experts en stratégie pourront être consultés, si nécessaire, afin de valider les hypothèses ou de disposer des dernières informations disponibles sur l'entreprise, le marché et les évolutions technologiques.
Le choix de la méthode est donc très structurant. Il impacte autant les réponses stratégiques obtenues que le mode de fonctionnement futur du Comité de Direction, c'est-à-dire sa capacité à mettre en œuvre la stratégie définie.

---

1. Le sens de l'équipe du coach se mesure en effet à sa capacité à s'insérer lui-même dans une équipe.

Le thérapeute de groupe aide l'équipe à comprendre les causes de ses difficultés, à éclairer son passé, à répondre à la question : pourquoi ? Limite importante : en aucun cas l'entreprise ne peut être le lieu de la thérapie. Par ailleurs, pour être efficace celle-ci ne doit relever que de la sphère privée. Le coach d'équipe conduit l'équipe à comprendre ce qui se passe au moment présent et à répondre à la question : comment faire pour trouver à l'avenir la solution la plus adaptée ?

Le coach d'équipe est d'abord un coach formé au coaching individuel, car les compétences de base sont les mêmes et certaines situations bilatérales peuvent nécessiter une action de coaching individuel. Le coach d'équipe doit donc avoir réalisé un travail personnel avec un thérapeute, être supervisé et avoir acquis un degré minimum de sensibilité aux processus humains.

La maîtrise des techniques d'animation de groupe, non spécifiques au coaching d'équipe, accroît également la capacité du coach d'équipe à faire face aux différentes situations de la vie du groupe.

La principale différence entre un coach d'équipe et un formateur / consultant / animateur / entraîneur d'équipe, tient à sa posture vis-à-vis de l'équipe : *être capable d'adopter une position basse* d'écoute, de miroir et de non-interventionnisme. Au cours d'une animation, cette différence se concrétise souvent par les polarités suivantes :

Coach d'équipe	**Animateur, consultant, formateur, facilitateur**
Position basse	Position haute
Mise en pouvoir des sujets	Peu de partage du pouvoir d'animer
Centré sur les personnes	Centré sur les processus
Attentif au rythme collectif	Attentif au respect de l'objectif
Écoute des ressentis	Observation des actions et des résultats
Acceptation de l'échec	Tension vers la réussite
Légitimité inconditionnelle	Recherche de réassurance et de reconnaissance (par des « évaluations »)
Maîtrise émotionnelle ouverte	Recherche de contrôle relationnel
Métacommunication	Projection et transfert peu conscients
Ne prend pas la place du manager	Se substitue, pendant l'intervention
Laisse l'équipe se déterminer	Choisit les exercices d'animation
Intervient sur demande de l'équipe	Gère le rythme collectif
Le coach se prépare lui-même	Préparation précise du déroulement de l'animation

Afin d'assurer la réussite de ces activités, les deux profils doivent disposer en commun :

– de l'expérience et de la maîtrise des processus de groupe ;
– de rigueur et de souplesse dans les débriefings ;
– d'une préoccupation permanente de concrétisation opérationnelle ;
– du professionnalisme lié au métier.

Compte tenu de la difficulté à exceller à la fois dans les relations individuelles et collectives, à mobiliser l'énergie nécessaire pour entraîner un groupe d'une part et savoir adopter une position d'écoute empathique d'autre part, dans les faits il est plus efficace que les interventions de coaching d'équipe soient menées par deux coachs complémentaires, le choix d'un homme et d'une femme étant souvent une réponse pertinente.

Par ailleurs, la pratique du coaching d'équipe enrichit les capacités de perception et les possibilités d'action lors des autres activités. Le coaching d'équipe ne se positionne donc pas en compétition mais bien en complément et en stimulant des autres prestations de services intellectuelles.

3. Le coaching d'équipe est-il encore du coaching ?

« Nous sommes ignorants de ce que nous croyons connaître le plus,
notre essence de verre, notre fragilité. »
William Shakespeare, *Mesure pour Mesure*

Le concept de coaching d'équipe n'est pas reconnu par toutes les peuplades de la planète coaching. Pour certains, le coaching fait partie des techniques psychologiques de relation d'aide et ne peut donc concerner structurellement qu'un individu, dans une relation en face à face avec un professionnel.

La réponse à cette question dépend des grilles de lecture et des définitions utilisées. Dans une vision systémique, coacher consiste à accompagner un système sujet, l'équipe dans son existence autonome d'être collectif, afin qu'elle traite elle-même un système objet, l'amélioration des processus internes à l'équipe ou l'atteinte de résultats concrets.

Coacher une équipe est donc bien du coaching, au sens où nous l'avons précisé.

Face à la complexité et à l'archaïsme des interactions des membres de l'équipe entre eux et avec la globalité de l'équipe, être coach d'équipe nécessite d'affûter ses outils de coaching individuel et d'approfondir son travail de connaissance de soi, afin de se rapprocher de l'essence de la pratique du coaching : accompagner un être sujet, un « JE » ou un « NOUS », afin qu'il se détermine selon ses critères personnels.

Dans la pratique, les frontières entre les coaching individuel et d'équipe sont relatives :

– la remise en cause des équipiers est de l'ordre du développement personnel et individuel. Même si elle se fait sous la pression de l'équipe, le travail à réaliser reste individuel ;
– le coaching individuel de certains membres de l'équipe peut parfois s'avérer très efficace pour les progrès de l'équipe, soit pour accélérer la résolution de certains dysfonctionnements, soit pour acquérir une nouvelle dimension comportementale.

Par ailleurs, les associations professionnelles de coaching intègrent dorénavant le coaching d'équipe dans leurs travaux de recherche et d'accréditation.

4. Pourquoi proposer un coaching d'équipe ?

« On ne peut pas ne pas communiquer. »
Paul Watzlawick

Le coaching d'équipe n'est pas une fin en soi. L'objectif de l'intervention d'un consultant est souvent d'accompagner le changement chez le client. Le coaching d'équipe est une des réponses pertinentes, en association avec le coaching individuel, le conseil d'experts et la formation. La clé du succès de l'intervention d'un prestataire de services consiste donc à diversifier les approches afin de coller au plus près à la demande et ainsi de mieux répondre au besoin de son client.

Par ailleurs, multiplier les interventions de coaching individuel des équipiers ne crée pas une équipe plus performante, sauf, parfois, s'il s'agit de son manager.

Le coaching d'équipe est très performant dans la conduite du changement concernant les équipes de direction, les équipes projet et les équipes pluridisciplinaires ou multiculturelles, notamment sur les thèmes suivants :

– développer la performance opérationnelle de l'équipe, passer rapidement de la stratégie au terrain et obtenir des résultats concrets ;
– accélérer la croissance de l'équipe, sa montée en puissance vers davantage de maturité ;
– acquérir des méthodes pour transformer la pression en émulation durable ;
– adapter les comportements pour valoriser les complémentarités, expérimenter d'autres façons de s'engager et de décider ;
– faire face à une crise : commerciale, réputation, sanitaire, financière, OPA…
– se préparer à une fusion, en renforçant à la fois son identité et ses capacités d'intégration ;
– renouveler la culture pour mieux s'adapter au changement et aux sollicitations de l'environnement ;
– réussir le management à distance des équipes nomades ;
– assurer la pérennité des changements organisationnels de l'entreprise en travaillant sur les interactions de l'équipe avec l'entreprise ;
– élaborer un plan de réussite collective dans la durée, comportant la mise en place d'indicateurs quantitatifs et qualitatifs.

Le coaching d'équipe est également recommandé pour mettre en œuvre les « organisations apprenantes »[1] :

– avant de réaliser une activité, pour en affiner la préparation ;
– après, pour explorer ce qu'on a appris et en tirer les conséquences ;
– pendant l'action, afin de progresser en situation.

Au même titre que le coaching individuel, la réussite du coaching d'équipe a un impact au-delà de l'équipe : sur les collaborateurs des membres de l'équipe par déclinaison des nouvelles pratiques, sur les autres équipes par effet d'entraînement, et sur l'entreprise, sa culture et sa stratégie.

---

1. Modes d'organisation favorisant l'amélioration continue des processus et l'évolution des individus.

5. CONTENU DE L'OUVRAGE

Nous avons conçu cet ouvrage comme un outil d'entraînement et d'appropriation. Les concepts sont illustrés par une mise en situation et par des exemples pratiques.

Le chapitre 1 présente l'ensemble des particularités des modes modernes de fonctionnement de l'entreprise en lien avec les notions plus classiques relatives à l'équipe.

Le chapitre 2 attire l'attention sur les points communs et les différences avec le coaching individuel.

Le chapitre 3 est le cœur du livre puisqu'il présente en détail le déroulement d'une intervention de coaching d'équipe, ses différentes étapes ainsi que les options possibles, de façon à en faire un guide pratique complet pour le coach d'équipe.

Le chapitre 4 rappelle que le coaching d'équipe nécessite de maîtriser deux types de compétences : celles du coaching et celles de l'équipe, ce qui implique une formation spécifique.

Le chapitre 5 confirme que les changements induits par l'internationalisation, les progrès des technologies de l'information ainsi que l'évolution des concepts en matière d'organisation, ouvrent de nouveaux horizons au coaching d'équipe. Le coaching des organisations devient alors possible, conduisant à une *définition plus globale du coaching : accompagner un système sujet (personne, équipe, organisation) pour qu'il conçoive lui-même ses propres réponses au système objet qu'il doit traiter (résultats, actions, défis, challenges, problématiques...).*

Bonne lecture !

1 LA NOTION D'ÉQUIPE

« Un groupe de passagers dans un bus n'est pas une équipe.
Elle peut le devenir si le bus tombe en panne. »
Jean-Paul Sartre

Il existe une très abondante littérature sur l'équipe et son fonctionnement mais, curieusement, cette pléthore provoque fréquemment un intense sentiment de frustration chez le lecteur. De nombreux échanges avec des étudiants, consultants et coachs confirmés montrent que ceux-ci éprouvent de grandes difficultés à se construire un modèle simple et opérant, c'est-à-dire permettant de comprendre ce qui se passe et d'agir sur l'équipe en vue de lui permettre d'atteindre un objectif, c'est-à-dire de *réussir*. Nous nous sommes interrogés à la fois sur les causes de cette richesse de concepts et sur la confusion qu'elle provoque. Nous nous efforcerons de dégager les points essentiels, et pour cela de préciser les références théoriques de chaque auteur afin de situer les unes par rapport aux autres.

1. L'IMPOSSIBLE DÉFINITION DE L'ÉQUIPE

La notion de *groupe* précède celle d'équipe. La position la plus ancienne est celle des psychanalystes qui, depuis Freud en 1913, ont avancé l'idée d'une illusion de communauté des psychés au sein d'un ensemble de personnes, puis ont développé plus récemment une notion de lien qui rend compte des interactions entre membres du groupe. Divers concepts ont été développés à partir de cette idée, dont les plus connus sont ceux d'*illusion groupale* et de *résonance fantasmatique* (Anzieu, 1975), d'*appareil psychique groupal* (Kaës, 1976), d'*effet de présence* (Avron, 1996), d'*enveloppe groupe* (Anzieu, 1990), sans oublier le travail de Wilfred Bion (1957) qui préfigure la notion de stade de développement.

À partir des années 1930, dans le champ de la psychologie sociale, parmi les nombreux concepts développés, certains sont particulièrement remarquables comme ceux de *normalisation* (Sherif, 1937), d'*influence* (Asch, 1956) et de *soumission* (Milgram, 1974).

> Lors d'une expérience réalisée en 1937, Muzafer Sherif eut l'idée de placer un groupe dans une situation de jugement d'un *phénomène inexistant*. Placé dans une obscurité totale, un individu en face d'un point lumineux immobile a l'impression que celui-ci se déplace sans cesse de façon erratique. Si un groupe est mis dans cette situation, une *norme* se forme très rapidement quant à l'estimation de la distance et de la direction du déplacement, alors que chacun voit quelque chose de différent. Des variantes de cette expérience ont consisté à placer une personne seule dans la salle obscure avant ou après la séance avec le groupe. Elles montrent que si un individu s'est forgé une idée au préalable, celle-ci ne résiste pas à la pression du groupe. À l'inverse, la norme du groupe prévaut si l'individu est livré ultérieurement à son seul jugement. Le groupe a donc la capacité de forcer une norme qui reste ensuite stable, à moins que le mécanisme physiologique réel soit révélé.

> Dans l'expérience princeps de Solomon Ash, on montre à neuf personnes un tableau sur lequel sont dessinées trois lignes verticales, celle du milieu étant un peu plus longue que les deux autres. Il est demandé de dire, dans le cadre d'une prétendue étude sur la perception visuelle, s'il y a une différence entre la longueur des lignes. Les personnes doivent répondre dans l'ordre où on les a assises. Dans cette expérience, il y a huit compères, qui répondent successivement qu'il n'y a aucune différence. Ce qui est étudié est la réponse de la neuvième personne, recrutée par petite annonce. Dans 37 % des cas, celle-ci se conforme à la position du groupe.

Ces mécanismes sont facilement observables, par exemple lors des « tours de table » où l'opinion des premiers qui parlent entraîne celle des suivants.

La notion de groupe a ensuite donné lieu à de très nombreux développements dans les divers champs de la sociologie et de la psychologie. Les multiples formes du groupe (horde, clan, comité, bande, etc.) présentent des caractéristiques variées qu'il n'est pas utile d'explorer ici, car elles sont dépourvues de sens dans le contexte industriel où c'est la notion d'équipe qui nous intéresse. La comparaison suivante résume l'essentiel :

GROUPE	ÉQUIPE
Structure de *coordination*	Structure de *coopération*
Coordonné par un *chef*	Coordonnée par un *leader*
Plus ou moins fortuit	Constituée spécifiquement
Pas d'enjeu	Enjeu collectif fort
Se réunit, se répartit le travail	Travaille, crée et décide ensemble
Faible exigence réciproque	Forte exigence réciproque (Entraide, valeurs communes…)
Nombre de participants variable	Entre 5 et 15 équipiers
Orchestre symphonique	Orchestre de jazz
Peu de communication	Communication élevée

Disons pour simplifier qu'une équipe se définit à partir de sa *finalité*. Alors qu'un groupe peut avoir un projet commun, par exemple aller pêcher à la ligne le dimanche, pour une équipe ce projet serait *assigné* par une autorité ou une entité qui délègue. À ce niveau, il faut faire une distinction entre un projet – réaliser une œuvre – et une tâche – exécuter une procédure – qui, assignée, est alors plutôt du ressort de *l'équipage*. Celui-ci est au service de la manœuvre tandis qu'un commando militaire ou une équipe sportive a pour objectif de gagner contre un concurrent ou d'atteindre un objectif au sein d'un environnement, par exemple un marché.

L'assignation du but signifie que celui-ci n'est pas toujours issu des équipiers, il n'est donc pas « leur chose » au départ mais il doit le devenir. De ce fait, les questions relatives à la *cohésion* et à la *motivation* occupent le devant de la scène au point d'en faire la principale préoccupation des consultants, alors que la question suivante, celle de la *réussite* du projet est trop souvent éludée (voir § 7).

La littérature sur l'équipe utilise fréquemment le terme de *performance* (par exemple : Katzenbach & Smith, 1993 ; Whitmore, 1992 ; Desreumaux, 1992 ; Lynch, 1998 ; Audebert-Lasrochas, 2001) qui, selon nous est plutôt une manière de se comporter, un moyen, qu'une finalité. Toutefois, si l'on considère que la performance est le facteur principal de la réussite, il est légitime de s'y intéresser en priorité.

Enfin (voir § 6), les nouvelles formes d'organisation vont au-delà de la *coopération* vers la *collaboration* afin de faire face à la grande flexibilité exigée par l'environnement actuel. Dans ces structures extrêmement fluides, les unités opérationnelles sont encore des « équipes », mais qui ont un recours massif aux technologies dites « collaboratives » dont l'évolution laisse entrevoir des modes de fonctionnement collectif encore peu investigués.

2. Les trois questions fondamentales

La possibilité de coacher une équipe repose sur trois questionnements essentiels dont les réponses dépendent à la fois des références théoriques adoptées et de la culture.

Première question : « *Un groupe, ou une équipe, est-il, ou non, plus que la somme de ses membres ?* » En d'autres termes, existe-t-il une « entité collective » qui vit, ressent, s'exprime, et agit indépendamment des membres ? Si une telle entité existe, alors, il doit être possible de l'écouter et d'intervenir sur son fonctionnement pour provoquer un changement. Les cultures latines ou asiatiques sont portées à y croire plus que les pays protestants. De même, chaque courant théorique des sciences humaines a une position sur cette question. Inutile de préciser que ce livre n'aurait pas de raison d'être si les auteurs donnaient une réponse négative à cette première question.

> Pour les théories comportementales et cognitivistes, s'il existe bien des mécanismes collectifs, ceux-ci ont pour cause les interactions entre personnes. L'absence d'explication provient de l'impossibilité actuelle de mesurer certains facteurs, difficulté qui devrait se résoudre avec les progrès des recherches. Pour les théories systémiques, dérivées du travail de l'École de Palo Alto, une synergie existe dont l'explication se heurte à la barrière infranchissable de la complexité.

Deuxième question : ***« La performance ou la réussite est-elle induite par les personnalités des membres et leur interaction ou bien par cette « "entité collective" ? »*** Il est clair que la réponse à cette question va déterminer le choix des outils.

> Les systémiciens pensent que l'entité collective prévaut et que les personnalités particulières sont une part du système sur lequel il faut agir en priorité. Les psychanalystes considèrent que la présence d'une personnalité particulière, un équipier pervers ou bien un leader à la personnalité narcissique, peut ruiner le travail collectif et que c'est sur cette personne qu'il faut centrer les efforts.

Troisième question : elle est l'équivalent de la fameuse question qui se pose au coach individuel (faut-il avoir été soi-même dirigeant pour coacher un dirigeant ?) et peut se formuler ainsi : ***« Faut-il avoir eu l'expérience d'une équipe performante pour coacher une équipe ? »*** La réponse est bien sûr la même que pour le coaching individuel : il est tout d'abord nécessaire d'acquérir les connaissances indispensables sur les concepts et les méthodes. Il faut, en outre, se soumettre à un travail approfondi sur soi-même afin d'éliminer les représentations erronées héritées de l'histoire personnelle ainsi que les affects parasites tels que l'envie.

Mais, au-delà des connaissances et du travail sur soi, il reste que le « savoir faire réussir » une équipe passe par un « autre chose » qui, comme l'empathie pour une relation duelle, est une forme d'intuition de ce que ressent l'« entité collective ». Dans le cas des équipes de direction, comme dans le cas des dirigeants, certains pensent que le coach doit adopter une posture interne de seigneur afin de parler d'égal à égal avec les détenteurs du pouvoir tout en conservant, bien sûr, une position basse.

Tout comme pour le coaching individuel, il est nécessaire de se confronter encore et encore à l'équipe pour acquérir la compréhension de cette entité étrange.

3. L'IMPOSSIBLE TYPOLOGIE D'ÉQUIPE

Si de nombreux systèmes de classification des personnalités ont été inventés pour décrire le niveau individuel (DSM IV, PCM, ennéagramme, MBTI, 16PF, « big five », etc.), tous donnent des représentations qui, si elles ne sont pas identiques, sont relativement proches (Moral & Angel, 2005).

Dans le cas des équipes, les prototypes caractéristiques sont très nombreux, plus d'une centaine, mais il est toutefois possible de distinguer les quelques situations typiques les plus fréquemment rencontrées dans les entreprises.

Le comité de direction (« CoDir ») : il est permanent et assemble plusieurs métiers différents, quoique dans les très grandes organisations il puisse exister une équipe de direction pour la fonction financière ou la production, par exemple. Son rôle est d'échanger l'information, en particulier celle provenant de l'aval, et de prendre des décisions. Un véritable CoDir est totalement autonome dans le domaine dont il a la responsabilité.

Le « département » ou le « service » : il s'agit de structures permanentes, aux processus bien définis, parfois numériquement importantes, assemblées autour d'un même métier (production, commercial, back-office) et dont les fonctions sont d'atteindre les objectifs assignés par un échelon supérieur et de lui rendre compte à temps de l'état d'avancement des tâches et des difficultés rencontrées. Une fonction support (administrative par exemple) fonctionne bien souvent comme un équipage, c'est-à-dire que les personnes sont centrées uniquement sur leur tâche. Mais, dans le monde moderne, les « services » fonctionnent de plus en plus souvent selon un schéma client-fournisseur qui co-responsabilise les personnes. En outre, dans les structures matricielles, une telle entité peut devoir satisfaire plusieurs lignes hiérarchiques, ce qui brise la passivité en forçant l'initiative.

Les équipes « projet » : assemblées à partir des « départements » en vue de faire avancer un projet, ces structures bousculent les liens hiérarchiques et les processus établis. Si le leader dispose en général des moyens de contrôle sur l'avancement de son projet, il est privé d'une partie des outils habituels de management puisque ses ressources humaines sont rattachées à d'autres lignes hiérarchiques le plus souvent prévalentes. Par contre, comme le « CoDir », il rassemble des métiers différents et complémentaires. Selon les entreprises, les « projets » fonctionnent comme des petites entreprises indépendantes ou bien sont soumis à des contrôles coercitifs, c'est-à-dire qu'ils peuvent prendre la forme d'un « CoDir » ou d'un « service ». Il y a de grandes similitudes entre les équipes « projet », les équipes « transverses » dans une organisation matricielle, et les nébuleuses fonctionnant « en réseau » au sein de structures complexes : elles ne disposent que d'une partie des prérogatives de l'équipe purement hiérarchique et doivent donc négocier en permanence avec les détenteurs du pouvoir officiellement assigné.

Chacune des trois équipes typiques décrites ci-dessus peut assembler des personnes de cultures parfois très éloignées. Dans ce cas, les mécanismes groupaux sont sensiblement différents et, par exemple, l'esprit d'équipe se forme soit immédiatement et facilement, soit très difficilement. La diversité est le plus souvent une richesse, mais quelquefois un frein, sans que cela soit prévisible.

Hors des entreprises, nous trouvons d'autres types d'équipes dont les modalités sont parfois très complexes. Citons par exemple **l'association** qui, du fait de la coexistence de salariés et de bénévoles, fonctionne selon des processus centrés autour de la distribution du pouvoir. Dans ces structures, ainsi que dans toutes celles qui disposent de ressources limitées, une forme de féodalisme (équilibre de la soumission et de la protection, du don et du contre-don) prévaut. Nous n'évoquerons pas ces formes d'équipe dans cet ouvrage.

4. La notion de stade de développement

La notion de *stade de développement*, ou de *maturité d'équipe*, a été très largement utilisée par les consultants et les coachs. Il s'agit d'une évaluation de la capacité d'un groupe à travailler en équipe, c'est-à-dire avec un objectif commun, et d'atteindre un haut niveau de performance collective. Il existe plusieurs systèmes de classification des étapes de l'évolution qui décrivent des *niveaux de fonctionnement* collectif plutôt que les manières d'être collectives, que l'on qualifie généralement de « culture ». En voici la liste dans un ordre chronologique.

• Le modèle de Lewin (1946) : dépendance, contre-dépendance, interdépendance, autonomie.

• Le modèle de Schutz (1958) : inclusion, influence, ouverture.

> Sans doute le plus connu, ce modèle suppose que dans la phase 1 (inclusion) les équipiers ont peur d'être ignorés et luttent pour être reconnus par les autres. Durant la phase 2 (influence) apparaissent les querelles de pouvoir entre personnes et la peur d'être dominé. Enfin, au cours de la phase 3 (ouverture), c'est la peur d'être rejeté qui culmine alors que la conscience de soi s'accroît.

• Le modèle de Bion (1961) : dépendance, lutte, couplage.

• Le modèle de Tuckman (1965) : formation, tempête, normativité, performance.

• Le modèle de Muchielli (1978) : pertinence, objectivité, clarté.

• Le modèle de John Whitmore (1992) : inclusion, affirmation de soi, coopération.

> Au cours de la phase 1 dite d'*inclusion* (ou d'intégration, par opposition à exclusion) chaque membre vérifie s'il a le sentiment de faire partie de l'équipe, d'être inclus. S'il y a un leader désigné, les membres chercheront auprès de lui appui et reconnaissance. L'énergie est inhibée, tournée vers soi. En raison de la *dépendance*, le besoin d'appartenance et d'être important prévaut.
>
> La phase 2 dite d'*affirmation de soi* (ou de contrôle, pouvoir et influence) voit l'expression du pouvoir individuel et l'expansion des limites territoriales de chacun. Comme les animaux qui marquent leur territoire, c'est le moment où s'éla-

bore l'ordre hiérarchique, la définition des rôles et des fonctions. Il est essentiel que le chef laisse s'exprimer les énergies agressives même si elles le remettent en question. La plupart des équipes restent à ce stade. L'énergie est investie dans la compétition interne. Le besoin de reconnaissance et d'être compétent s'accroît avec l'*indépendance*.

La phase 3 dite de ***coopération*** (ou de proximité, ouverture et amour) voit l'émergence de l'entraide, de l'aptitude à coopérer, de la confiance, l'adaptabilité, la patience, la cordialité, l'engagement, le courage, l'humour, l'enthousiasme et l'altruisme.

Les leaders doivent laisser une certaine dose de tension dynamique car le risque, à ce stade, est que l'équipe prenne trop d'importance, entraînant un excès de confort et l'impossibilité d'exprimer la moindre dissidence. Les équipes performantes à moyen terme fonctionnent souvent en coopération. L'énergie est dirigée vers des buts extérieurs communs. Le besoin d'accomplissement et d'être apprécié signe l'*interdépendance*.

• Le modèle de Katzenbach et Smith (1993) : dans ce modèle comportant cinq phases, rien n'est acquis et le niveau de maturité peut monter ou baisser.

Dans la phase 1, les autres, inconnus, sont évalués, et chacun se protège derrière le masque de sa mission. Dans la phase 2, dite de pseudo-équipe, chacun agit individuellement. La phase 3 est dite d'équipe potentielle car des efforts sont faits pour agir collectivement. La phase suivante voit l'équipe authentique marquée par l'apparition d'une coresponsabilité. La phase 5 rompt avec les précédentes par le souci de performance collective au travers d'une entraide et d'un développement mutuel.

• Le modèle de Devillard (2003) : latence, appartenance, équipe, action concertée, intelligence collective (voir chap. 3 § 5.5).

Cette inflation de modèles (et il y en a bien d'autres) montre à quel point la notion de développement est essentielle dans le coaching d'équipe. Chacun a l'avantage de présenter une logique explicative et surtout des outils de diagnostic, d'analyse et d'évaluation. Le coach d'équipe doit avoir le souci de bien connaître et manier l'un de ces modèles, mais il doit aussi adopter une attitude ouverte vis-à-vis des autres, qui peuvent lui apporter une perspective différente en cas de difficulté dans sa pratique. Les détails donnés ci-dessus montrent à quel point ces modèles se ressemblent et envisagent une étape initiale où les membres s'observent et se demandent s'ils vont être « insérés » ou « inclus », puis une phase faite de luttes où chacun hésite entre être absorbé ou bien rester soi-même, et enfin un choix pour le collectif si celui-ci accepte et intègre les différences individuelles.

Au-delà d'une connaissance fine de l'un des modèles, permettant de le mettre en œuvre avec aisance, le coach doit être en mesure d'évaluer en un éclair l'état de l'équipe qu'il accompagne et disposer d'une vision intuitive simple lui permettant d'avoir quelques longueurs d'avance. En effet, les outils d'évaluation et de diagnostic n'ont pas pour objet d'éclairer le coach mais de provoquer une prise de conscience chez le client. Ils se présentent presque toujours sous la forme d'autodiagnostics qui donnent une vue globale du fonctionnement. Des grilles et questionnaires permettent de distinguer le « relationnel » (non-dits, jugements, assertions, etc.), du « rationnel » et de l'implication « affective ». Le choix de l'outil doit aussi prendre en compte le niveau de développement atteint, car les plus anciens ont plutôt été conçus pour sortir des stades les plus bas tandis que les plus modernes ont pour ambition de porter l'équipe aux stades les plus hauts.

Il reste enfin que les processus de séparation sont souvent douloureux. Un leader trop « participatif » (c'est-à-dire, au sens de Blanchard, 1983, qui échange beaucoup avec son équipe jusqu'à adopter parfois une attitude de « sauveur ») devra prendre soin de formaliser la fin d'un projet sous la forme d'un évènement festif pour atténuer la douleur de la séparation. Un leader « délégatif » aura un moindre souci de symboliser l'autonomisation de ses équipiers car elle est déjà en place du fait de son style de management.

5. Les trois formes de l'équipe

Les études sur l'équipe, aussi bien que les outils proposés en vue d'augmenter la cohésion ou la motivation, ne précisent que rarement comment celle-ci est vue. On peut pourtant distinguer trois perspectives permettant d'analyser et de modifier le fonctionnement d'une équipe.

5.1 L'équipe comme ensemble d'équipiers

Dans cette perspective, l'attention est portée sur les équipiers, leurs personnalités, leurs rôles, celui du leader en particulier, mais aussi leur engagement dans l'objectif commun. Chacun est partagé entre un « Je », ce qui n'appartient pas au groupe, et des « Nous » qui sont les parties de soi mises en commun (« Nous » équipe, « Nous » culture, « Nous » famille, etc.)

Cette manière de voir l'équipe est la plus proche de la réalité visible et ouvre la voie à un travail sur chaque personne et sur les relations entre la dimension « Je » et les dimensions « Nous ». Chacune de ces dernières assemble trois composantes, dont l'intensité varie selon la nature du « Nous » dont il est question. La première est l'acceptation des normes et règles collectives, la seconde est l'estime de soi-même, et la dernière est l'adhésion au projet incarné par le leader, donc le respect de celui-ci à défaut d'estime ou de complicité. De nombreuses entreprises font un effort particulier pour créer et entretenir un « Nous » à l'aide de périodiques internes et de chartes éthiques médiatisant les normes et les valeurs du groupe.

Plusieurs familles d'outils permettent d'explorer la dimension individuelle au sein de l'équipe (voir chap. 2, § 6) : les styles sociaux, les styles de management (Fiedler, 1958, 1967, 1971 ; Blanchard, 1983 ; House, 1971 ; Vroom-Yetton, 1973), la symbolique du corps (cœur, corps, esprit) mesurée par le « structogram » (Schirm, 1990), les analyses de profil ou de rôle tels que MBTI (Myers-Brigg, 1962), TMS (Mergerison-Cahn, 1985) ou SPI (Belbin, 1981).

L'évolution des organisations (voir § 6) rend difficile l'interprétation des résultats de certains outils. Si autrefois (il y a seulement deux décennies) tout collaborateur n'avait qu'un seul chef, les nouvelles structures matricielles ou en réseau impliquent pour chacun plusieurs lignes hiérarchiques, ce qui peut provoquer des *conflits de loyauté* entre les divers « Nous ». En outre, la culture de l'entreprise, celle de la famille et celle du pays d'origine constituent d'autres « Nous » qui peuvent également déchirer l'équipier entre des communautés aux valeurs différentes, voire opposées.

> Une illustration quasi parfaite nous est offerte par « l'affaire Zidane », qui a eu lieu en juillet 2006 lors de la finale de la coupe du monde de football entre la France et l'Italie, où le joueur vedette de l'équipe de France, Zinedine Zidane, a été écarté du jeu par les arbitres, privant ainsi son équipe de son talent et de sa compétence, car, insulté par un joueur italien au niveau de ses valeurs personnelles, le joueur français avait molesté celui-ci.
> Cette situation nous permet de mettre en évidence que la personne est parfois prise dans un conflit de loyauté entre son « Je » et les divers « Nous ». En l'occurrence Zidane était déchiré entre le *« Nous équipe de France » (en lien avec un « Nous France »), le « Je Zinédine Zidane » et le « Nous culture d'origine*

> *de Zinedine Zidane* ». Attaqué au niveau des valeurs fondamentales d'un « Nous famille » ou d'un « Nous culture », comment le joueur devait-il arbitrer entre ces différentes exigences ?
> Les faits ont montré que, sous la pression, il a finalement délaissé le « Nous équipe », ce qui a évidemment eu un impact sur le « Nous France ». Dans les entreprises, il est très fréquent d'observer de semblables arbitrages en situation de stress intense.

Cet exemple illustre l'imbrication du « Nous équipe » avec des « Nous » plus larges, celui du métier dans l'entreprise (production, commercial, finances…) et celui de l'entreprise dans son ensemble. Le « Nous culture » peut aussi se décomposer en couches concentriques (famille, milieu socio-économique, région, pays).

Dans la perspective de l'équipe comme ensemble d'équipiers, *l'hypothèse fondamentale* est que c'est la combinaison harmonieuse des personnalités, styles sociaux, et styles managériaux qui contribue à la performance. Les différences doivent non seulement être acceptées mais exploitées en vue d'obtenir une synergie maximale.

Enfin, dans toute équipe, plusieurs rôles particuliers peuvent apparaître. Ils ne sont pas décidés mais spontanés ou plutôt créés par le groupe pour remplir une fonction de protection contre une menace intérieure ou extérieure comme le consultant.

– Le « bouffon du roi » ou « bouche émissaire » : il a pour mission de dire tout haut ce qui est non-dit, c'est-à-dire la pensée du groupe, du leader ou celle d'un opposant. En lui demandant explicitement de jouer ce rôle, ou de prendre une position « méta », il perd sa puissance.

– Le « bouc émissaire » : rien ne marche à cause de lui. Souvent éliminé du groupe, ce dernier s'empresse d'en créer un nouveau.

– Le « séducteur » : sans cesse à féliciter le coach, il tente de le neutraliser par la flatterie. L'humour ou l'explicite en viennent à bout.

– Le « sauveur » ou « anti-conflictuel » : allergique au conflit, il disqualifie le coach en le culpabilisant si un équipier semble mal à l'aise. S'il s'agit du leader, la résistance au changement est alors à son acmé.

– Le « parrain » : chacun s'assure de son avis avant d'intervenir. Il détient le véritable pouvoir et dirige le groupe en position basse à l'arrière. Il faut rendre ce rôle explicite, mais *a minima* sous peine d'en faire un ennemi impitoyable.

– Le « silencieux » : il ne dit rien et son rôle est mystérieux, éminence grise ou personnage transparent ? Ce personnage est toujours difficile à cerner.

5.2 L'équipe comme ensemble d'interactions entre les équipiers

Cette perspective présuppose que ce qui est important n'est pas la personne mais la façon dont les interactions entre les personnes fonctionnent dans leur ensemble.

Un exercice utile dans la formation du coach d'équipe et qui peut être appliqué dans certaines situations consiste à faire prendre une décision dans un groupe en limitant la communication aux formes non verbales (signes, grimaces) ou aux seules formes écrites. Cet exercice met en évidence que les interactions relatives à la transmission des informations nécessaires à la prise d'une décision dépendent du mode de communication.

Les théories de l'interaction entre personnes ou entre personnes et groupes sont nombreuses et nous n'en retiendrons que ce qui est significatif pour le travail au sein d'une équipe.

En premier lieu, il est généralement admis qu'un certain nombre de biens communs sont partagés ou disputés au travers de relations duelles, comme par exemple l'*information*, la *visibilité* (ou notoriété) et le *pouvoir*.

Au lieu de distribuer immédiatement à ses subordonnés les tâches qu'il reçoit de l'échelon supérieur, Paul attend, ce qui a pour effet d'exaspérer ceux qui reçoivent quelque chose d'urgent à la dernière minute. Paul explique que lorsqu'il donnait plus de temps à ses subordonnés, l'impression de calme et de sérénité lui pesait, comme s'il dirigeait une équipe de paresseux. Il admet cependant, avec réticence, que s'il anticipe ce qui est réalisé en fin de compte est de meilleure qualité.

Il est par ailleurs possible d'isoler des interactions saillantes qui correspondent à des rencontres particulières entre des personnalités ou bien entre une personnalité et un groupe.

Rencontre entre deux personnalités : François, le manager du service comptable se sent inexplicablement en rivalité avec Hortense qui dirige le service juridique.

Celle-ci perçoit l'agressivité de son collègue mais ne la comprend pas car, dit-elle, « nous ne jouons pas dans la même cour ». La personnalité équilibrée d'Hortense réveille chez François une peur archaïque qu'il ne peut contrôler.

Rencontre entre une personnalité et une culture : Antoine, qui est un homme rationnel et entreprenant, ne s'est jamais senti bien dans les équipes de l'entreprise Z qui survalorise la qualité des relations humaines au détriment, bien souvent, de la rigueur et la rapidité d'exécution des tâches. Suite à la fusion avec un groupe américain, Arthur se trouve inclus dans des équipes anglo-saxonnes très pragmatiques où il se sent renaître : sa personnalité est en effet plus adaptée aux cultures orientées vers l'action.

Enfin, les interactions peuvent mettre en jeu des talents ou des connaissances et interpeller la *confiance* entre équipiers, ou bien mettre en jeu des mouvements affectifs très intenses tels que l'amitié, la complicité, ou leurs contraires. La densité du réseau des interactions permet de mesurer la *maturité* de l'équipe (voir § 4), tandis que l'intensité et la valence positive ou négative de chaque interaction donnent une idée de la *cohésion*, qui d'après Olivier Devillard (2003) est « l'ensemble des liens fonctionnels et affectifs qui concourent à l'unité d'action » ou, plus simplement, la satisfaction d'être membre de l'équipe. Il est généralement admis que la productivité d'une équipe est fonction de sa cohésion. Notons que la vision « interactions » ne permet pas de modéliser l'homéostasie de la vision « système ».

5.3 L'équipe comme un système

Depuis les travaux de Ludwig von Bertalanffy (1947) puis ceux de l'École de Palo-Alto, la *Théorie des Systèmes* a permis d'agir sur les équipes avec des outils nouveaux et redoutablement efficaces.

Par rapport aux deux formes précédentes, on peut dire que le système équipe est fait de l'ensemble des équipiers et de leurs interactions à la poursuite d'une finalité (voir aussi chap. 2, § 3).

Dans cette perspective, l'équipe obéit à trois notions fondamentales qui régissent son fonctionnement :

– la **synergie**, qui reflète le présupposé selon lequel le tout est beaucoup plus que les parties. Le principe de complémentarité permet en outre d'avancer que seules des différences permettent d'atteindre ce « beaucoup plus » ; le principal travail sur l'équipe consiste donc à travailler l'agencement des fonctions (ou rôles) de manière *coresponsable* afin de rendre cette synergie maximale ;

– l'**homéostasie,** qui traduit la tendance d'un système à produire des règles de fonctionnement qui le rendent pérenne. Les forces homéostasiques autorégulatrices luttent contre tout changement qui pourrait créer un inconfort et sont supposées prévaloir dans un système, ce qui explique la prudence des demandes dans le champ du coaching d'équipe ainsi que des phénomènes tels que l'apparition d'un *bouc émissaire* lorsque la *co-protection* est insuffisante ;

– la **finalité,** qui renvoie au *sens* et donc à la *co-créativité.*

Les travaux du professeur Ilya Prigogine (1980, 1984, 1997) ont montré qu'il existe des *états de non-équilibre* qui, moyennant une petite énergie, permettent d'opérer une très importante transformation du système. L'idée de l'intervention systémique est d'identifier cette faille et d'agir précisément dessus au bon moment.

> Les causes d'un incendie de forêt peuvent se hiérarchiser entre des facteurs contributeurs (la position géographique dans une région chaude et aride, le temps qu'il a fait, plus ou moins humide, la force du vent, etc.) et des facteurs déclencheurs, le plus souvent imprévus, parfois mystérieux, minimes en termes énergétiques mais rencontrant des conditions favorables (une allumette, le choc de deux silex au passage d'un sanglier…).

Dans la pratique du coaching des organisations, il est d'observation courante que le changement est provoqué par un petit nombre d'acteurs qui ne demandent qu'une énergie infime pour entrer en mouvement, tandis que tous les autres sont en position « passive », voire d'opposition, et n'acceptent de changer qu'au prix d'une énergie considérable. Ce que recherche le coach est d'être celui qui initie le mouvement, qui délivre l'étincelle, tandis que la plus grosse part de l'effort nécessaire est fournie par l'organisation elle-même.

Depuis la vulgarisation des travaux de l'École de Palo Alto, il est clairement inscrit dans les esprits que le seul changement « noble » est le « changement 2 » (voir chap. 2, § 3). C'est oublier que l'existence d'états de non-équilibre, au sens donné par Prigogine, n'est pas toujours acquise, et que seule une menace forte venant de l'environnement peut fissurer les certitudes. Faute d'une terreur salutaire, l'homéostasie empêche toute évolution, à moins de convaincre le niveau hiérarchique le plus élevé en lui apportant une preuve, par exemple en travaillant sur un service pilote.

En dernier lieu, la question de la durabilité du changement est ouverte car l'environnement moderne génère une mutation permanente ultrarapide. Pour les entreprises créatrices de haute technologie, par exemple, changer n'est plus un objectif mais un état. La célèbre métaphore de Ross Ashby (le « changement 1 » serait la première vitesse d'une automobile et le « changement 2 » serait le passage à la seconde) doit alors prendre en compte l'existence de boîtes de vitesses automatiques et l'état de la route.

6. Influence de l'organisation sur l'équipe

L'équipe n'a été une entité simplement isolable que du temps des organisations pyramidales purement hiérarchiques où chaque équipier ne rendait compte qu'à un seul chef. L'évolution actuelle des organisations la rend complexe et floue. Nous pouvons distinguer trois âges.

6.1 L'organisation hiérarchique

Ce type d'organisation est ancien mais existe encore dans nombre d'entreprises actuelles comme les administrations. Elle est aussi préférée dans les pays où la culture valorise la dépendance hiérarchique. Elle se caractérise par un organigramme en forme de pyramide où chacun n'a qu'une fonction et une seule ligne hiérarchique. Agencé comme une « machine bien huilée », ce type d'organisation préfère limiter le nombre d'établissements, ce qui conduit à favoriser la proximité horizontale avec les pairs et verticale avec les supérieurs et subordonnés, ce qui permet, par exemple, à chaque manager d'avoir ses troupes autour de lui. Ces structures sont adaptées à un environnement qui n'évolue que très lentement car elles ne sont pas très flexibles en cas de modification brusque de celui-ci. La culture d'entreprise est d'autant plus fermée que peu de cultures y sont représentées. Le style de comportement entre employés est plutôt « compétitif » car la position de manager de personnes est très valorisée, tant au niveau de l'image que de la rémunération.

Les problèmes de cette catégorie d'organisation sont relatifs à l'autorité et aux jeux de pouvoir car le principal signe de reconnaissance, la promotion, se fait par percolation (comme dans l'armée où un capitaine « a forcément été » lieutenant). Les outils issus de la psychologie sociale et de la combinaison entre psychanalyse et comportementalisme, tels que l'Analyse Transactionnelle ou la Théorie Organisationnelle de Berne, conçus à une époque où il n'existait que ce type d'organisation, restent appropriés, quoique parfois dépassés.

6.2 L'organisation matricielle moderne

Ce type d'organisation est très largement représenté à l'heure actuelle. Elle est le fruit d'une exigence d'adaptation aux changements rapides du marché et à la mondialisation. Ces structures intègrent de nombreux projets transverses ou bien croisent plusieurs lignes hiérarchiques (c'est le cas de notre exemple dans le chap. 3). Le style de comportement entre employés est plutôt « coopératif » car la position de « manager de projet » ou « manager de programme » est bien valorisée, par exemple comme position intermédiaire avant une promotion, et intégrée dans la grille des rémunérations. Ces entreprises, souvent multinationales, favorisent la mobilité et le management « à distance », ce qui incite à une plus grande délégation, donc à une culture de l'initiative. Les sociétés les plus avancées ont adopté une organisation verticalisée par fonctions, faisant disparaître le niveau géographique. Avec une ambition mondiale, ces organisations, faites pour s'adapter aux changements rapides de l'environnement, sont toutefois vulnérables.

> Au début de 2006, la Société Mittal a lancé une offre visant à un rapprochement avec Arcelor qui est une entreprise européenne construite par la fusion d'Usinor avec Arbed et Aceralia. Malgré une organisation moderne mondiale, Arcelor n'a pu contrer le raid de Mittal. Celui de Cnooc (Chine) sur Unocal (USA) et ceux possibles de Enel sur Suez ou de Gazprom sur un distributeur européen montrent que le champ mondial devient très dangereux pour ceux qui n'ont pas une structure adaptée.

Créée dans les années 70 pour être flexible, l'organisation matricielle ne l'est désormais plus assez. Il arrive aussi que le système oppose une homéostasie féroce en produisant des contrôles qui paralysent tout changement. Par ailleurs, bien des entreprises qui se prétendent matricielles fonctionnent en fait selon un mode hiérarchique. Ces organisations modernes, menacées par l'environnement, sont pourtant avides de solutions et ce sont les outils symboliques, analogiques ou issus de la Théorie des systèmes qui sont les mieux adaptés.

6.3 L'organisation hypermoderne

Une partie des entreprises a réalisé, anticipé, ou est tout simplement à l'origine d'une rupture de paradigme dans les organisations. Plusieurs facteurs ont contribué à la nécessité d'opérer ce « changement 2 » :

- l'accélération de la circulation de l'information, qui gomme peu à peu les niveaux hiérarchiques ;
- l'interculturalisation et la distance entre les personnes appartenant à une même organisation ;
- la pénurie criante de managers ;
- l'irruption de l'Asie en Occident qui accélère le changement ;
- l'existence de moyens technologiques collaboratifs (DISTICS).

Avec l'évolution de la technologie, qui imprègne peu à peu les organisations, apparaît un nouveau mode de fonctionnement caractérisé par un système de management beaucoup plus diffus dont le principal objectif est d'être en mesure de répondre aux changements les plus brutaux de l'environnement. Ces entreprises, qui ont toutes une ambition de couverture commerciale mondiale, utilisent massivement les moyens modernes de traitement de l'information et de communication, non seulement pour leurs infrastructures mais aussi pour diffuser leurs produits et services au sein du marché. Elles sont donc très exposées à l'obsolescence de leurs outils en raison de l'évolution galopante des technologies. La capacité à réagir, non plus dans le mois, mais dans la journée, voire dans l'heure, impose une flexibilité sans précédent et donc des attitudes nouvelles face au travail en termes d'engagement personnel. Le centre de gravité de ces entités – très sensibilisées par l'irruption massive des pays asiatiques – se déplace vers l'Est. Le style de comportement entre employés est plutôt « collaboratif » car la position de manager devient fugace, le temps d'un projet mis en place rapidement. C'est plutôt la plasticité, la capacité à se porter immédiatement là où est le problème, qui est valorisée et rémunérée.

Des entreprises séculaires ont disparu en quelques années suite à l'apparition de « start-ups » utilisant la technologie avec talent. La société Barnes & Noble a été bousculée par l'irruption d'Amazon, les géants des Télécommunications ont peu apprécié l'arrivée de Skype, Google piétine sans complexe dans les domaines jusqu'ici réservés des Instituts géographiques nationaux ou des Bibliothèques nationales, etc.

Au niveau du coaching d'équipe ou d'organisation, des outils appropriés ont été inventés mais restent encore peu connus.

7. INFLUENCE DES CONCEPTS DE MANAGEMENT SUR L'ÉQUIPE

Un très grand nombre de concepts ont été inventés autour de la notion d'équipe ou d'organisation, comme par exemple la *cohésion* (voir § 5.2). Les principaux sont les suivants.

7.1 Leadership

Il semble que Kurt Lewin (1946) ait le premier fait référence au « modèle psychologique de l'intervention du manager assigné » dont les qualités sont, selon les écoles et les pays, innées ou acquises.

Une étude de P.A. Consulting[1] mentionne que « pour devenir un grand leader du XXIe siècle, les dirigeants français semblent faire plus confiance aux caractères innés d'une personnalité qu'à ce qui peut être acquis en termes de formation. »

Il existe de multiples systèmes de catégorisation du leader, qui peut être un simple mécaniste faisant fonctionner l'équipe comme une « machine bien huilée », un réactif subissant son environnement, un hédoniste qui trouve son plaisir dans le management, ou un créateur de sens dont la vision est parfois prémonitoire. Le leader joue sur les trois dimensions corporelles symboliques :

1. In « Quel manager pour l'an 2000 ? », *Liaisons Sociales* – le mensuel, février 1997.

– tête : il a une vision, c'est-à-dire un défi à l'environnement, ou un projet, et le désir tenace de le mener à bien. Il se sent profondément légitime et a une représentation de « la bonne façon » de mener ses troupes. Le grand leader est un innovateur un peu mégalomaniaque, mais pas trop ;
– cœur : il sait convaincre et pour cela utilise son affectivité et son sens de la communication ;
– corps : il bouscule le concret pour matérialiser sa vision. Pour cela il choisit avec clairvoyance ses subordonnés et adopte un processus de décision rapide et incisif qui prend toutefois en compte la voix du groupe et celle de chacun.

Bien entendu, le leader réel ne possède pas toutes ces qualités mais il doit savoir utiliser les talents de ses équipiers pour combler ses propres lacunes.

7.2 Performance et réussite

Depuis la fin de la Seconde Guerre mondiale, de nombreux ouvrages anglo-saxons ont été consacrés aux « équipes performantes » (Audebert-Lasrochas, 2001 ; Desmeuraux, 1992 ; Lynch, 1998), mais la littérature sur les « équipes qui gagnent » (*winning teams*) est relativement récente. Ce changement de paradigme provient, semble-t-il, de la prise de conscience du fait que, comme dans la prise de contrôle d'Arcelor par Mittal, la réussite n'est pas toujours le fait des organisations les plus sophistiquées au plan organisationnel et stratégique.

Dans la pensée occidentale actuelle, la performance est considérée comme une condition nécessaire mais non suffisante à la réussite, alors que la représentation extrême-orientale moderne est orientée vers l'élégance comme facteur essentiel d'une réussite de plus en plus valorisée.

7.3 Motivation

La notion de motivation est liée au besoin ou au désir de succès qui détermine le niveau d'engagement dans le projet. La *reconnaissance,* rétribution symbolique qui passe par des jugements portés sur le travail, permet de moduler la motivation. La ligne hiérarchique, les subordonnés et les clients portent en effet une appréciation sur l'utilité économique, technique ou collective du travail accompli. C'est ce que Christophe Dejours nomme le *jugement d'utilité.* Ce même auteur définit par ailleurs le *jugement de beauté,* appréciation sur l'esthétique du travail, considérée comme la meilleure gratification symbolique que recherche une personne, et qui porte une double dimension, la *conformité* et l'*originalité.* Selon la culture du pays et de l'entreprise, l'accent est porté sur l'une ou l'autre afin de confirmer soit l'appartenance, soit l'individualité. Les formes matérielles de la reconnaissance viennent ensuite s'ajouter sous forme de rétribution ou de promotion.

7.4 Créativité

La créativité s'entend mal avec les règles, les créatifs étant souvent des rebelles ou des personnes qui s'investissent peu dans le « Nous ». Certains leaders parviennent pourtant à stimuler la créativité.

> Dans les années 70, Marcel Dassault exhortait ses équipes à faire preuve d'inventivité et à se préoccuper de beauté et pas seulement de la brutale efficacité comme les Américains (à l'époque, le Phantom, avion puissant aux lignes anguleuses, contrastait avec l'élégance du Mirage). Les équipes françaises ont inventé la « taille de guêpe », amincissement du fuselage à la hauteur des ailes qui réduisait considérablement la résistance de l'air et augmentait donc les performances.

Les concepts de beauté et de créativité sont culturellement marqués et surinvestis dans les pays latins alors que la réussite et la performance sont valorisées outre-Atlantique. Les pays anglo-saxons occupent une position intermédiaire tandis que les Asiatiques mettent en avant la notion d'harmonie.

7.5 Culture

« Mieux vaut allumer une bougie que maudire les ténèbres. »
Laozi (philosophe chinois du VIe siècle)

L'équipe baigne dans plusieurs cultures qui ont plus ou moins d'influence sur sa façon d'être et d'agir : celle du pays d'appartenance s'il s'agit d'une équipe monoculturelle, celle du métier de l'entreprise, les banquiers ne se comportant pas comme les industriels de la mode, et celle de l'entreprise elle-même au sein de son domaine d'activité, bien que dans la distribution de livres Barnes & Noble n'ait pas la même culture qu'Amazon.

Pour les auteurs modernes (voir Moral, 2004) la culture est vue comme un apprentissage que la collectivité impose à la personne et qui porte sur l'attitude face à l'autorité, au groupe, aux genres sexuels, à l'incertitude, aux règles, à l'espace, au temps, et à l'environnement. La culture façonne aussi les modes de communication (plus ou moins factuel, plus ou moins explicite, plus ou moins subjectif et plus ou moins formel ou protocolaire), les modes de pensée (inductif ou déductif) et les modes d'action. Il en résulte des comportements collectifs différents selon les cultures, en particulier les styles de management.

> Richard Lewis (1999) montre comment le *leadership* est conçu selon les pays : autocratique en France où le manager « sait », consensuel en Asie, en particulier au Japon, paritaire en Suède, « *en parlant de la pluie et du beau temps* » en Grande-Bretagne, semi-consensuel en Allemagne ou népotique dans les pays arabes et latins. Le style de communication utilisé par le manager variera selon les cultures. Pour demander à un employé de faire le rapport mensuel du service, un supérieur hiérarchique américain dira « *John, je veux le rapport mensuel sur mon bureau demain à 17 heures au plus tard* ». Le Japonais sera indirect : « *Nous arrivons à la fin du mois... le directeur financier ne m'a pas encore dit quand il voulait exactement le rapport mensuel. Je pense qu'il se manifestera demain... enfin, peut-être... (silence) vous savez comment il est... (silence). Il vaudrait peut-être mieux être prêt...* »

Un élément important est que la culture d'une personne est d'autant plus apparente qu'elle se trouve en groupe avec d'autres personnes de la même culture. Ainsi une équipe de Français intégrera facilement un Brésilien, mais moins bien quatre Brésiliens. Ceci est vrai aussi bien pour la culture métier que la culture d'entreprise, ce qui est particulièrement significatif en cas de fusion.

Enfin, dans le monde moderne les différences de mode d'action dépendent également de la culture. Si les Occidentaux apprécient la « victoire à l'arraché », dans le mouvement et la chaleur du combat, les Extrême-Orientaux respectent la puissance des éléments naturels comme le temps : « Inutile de tirer sur la pousse de maïs pour la faire grandir plus vite... »

> Les quelques jeux qui ont acquis une position paradigmatique illustrent parfaitement les valeurs et croyances des cultures dont ils sont issus et où ils ont connu la plus grande audience, ainsi le poker, le go, les échecs et diplomacy reflètent chacun quelque chose de la façon dont les équipes vont vers leur finalité.

CONCLUSION

La mutation des grandes entreprises vers des modèles hypermodernes met l'accent sur le management à distance et l'exploitation intensive des nouvelles technologies.

Dans ces conditions, une question cruciale est l'adéquation des outils les plus anciens à cet environnement en mutation permanente (par exemple Lewin (1946), Théorie Organisationnelle de Berne (1963), Schutz (1958), etc.). En outre, chaque culture parvient à une grande cohésion ou à une grande motivation par des voies différentes.

Le monde change avec les technologies de la communication et les approches doivent être adaptées aux nouvelles formes d'équipe. Alors que les très grandes entreprises innovent en matière d'organisation, les anciennes formes persistent dans les sociétés de plus petite taille et dans les administrations. Il faut donc disposer d'une boîte à outils permettant de traiter chaque cas comme un cas particulier.

Il faut également prendre en compte que l'invasion de la technologie aura d'autres conséquences plus subtiles. Par exemple, nous pouvons observer que les forces naturelles du marché deviennent prévalentes par rapport au désir de contrôle des états ou aux stratégies volontaristes des organes de direction privés. La logique introduite par l'imprégnation technologique relève du libéralisme le plus effréné, permettant à tous les acteurs « libres » (entreprises, mais aussi organisations criminelles, ONGs) de développer leur activité sur l'ensemble du monde, faisant fi des réglementations locales devenues dérisoires. L'exercice harmonieux des affaires à un niveau mondial implique donc l'existence de règles acceptées par tous, et donc d'organes d'arbitrage disposant d'un pouvoir. Pour l'instant, si la transparence (des comptes par exemple) est la règle en Occident, elle ne s'applique pas en Orient et en Extrême-Orient.

2 LA POSTURE DU COACH D'ÉQUIPE, SA DÉMARCHE ET SES OUTILS

« La fragilité nous sauve du simple calcul productif et nous rapproche les uns des autres, alors que la force nous éloigne. »
Jean-Claude Carrière

Ce chapitre met en perspective les dimensions essentielles de la posture du coach d'équipe et de sa démarche, ainsi que les principaux outils utilisés. Dans un objectif pédagogique, nous présentons ces derniers en cinq catégories complémentaires : les outils systémiques, les outils de base du coaching d'équipe, les outils spécifiques au coaching d'équipe, les outils de partage du diagnostic et des stratégies d'action, ainsi que les techniques d'animation de groupe. Rappelons que l'efficacité d'un outil dépend d'abord du potentiel et des limites de celui qui l'utilise.

1. La posture du coach d'équipe

« Les événements sont notre visage. Ce qui advient, c'est ce que nous sommes. »
Jean Guitton

Au début d'une intervention, le coach d'équipe compétent sait qu'il ignore les limites de sa propre ignorance et que sa perception de l'équipe comporte un angle mort. Il ne connaît pas l'équipe qu'il va accompagner, son histoire, ses désirs, ses peurs. Il a déjà constaté qu'aucun résultat n'est définitivement acquis, que le temps est cyclique, qu'il convient d'être vigilant quand l'équipe se sent forte, qu'elle tire souvent sa propre force de ses zones de faiblesse, que tout problème est une solution et réciproquement. Il ignore aussi quelle est la stratégie gagnante à mener, la stratégie étant l'art d'utiliser l'environnement de l'équipe à son avantage.

Le coach d'équipe est conscient de la fragilité humaine : la sienne, celle de l'équipe, du processus de coaching, des progrès réalisés, de l'entreprise et de la vie qui peuvent s'interrompre sans préavis. Il est également conscient de la fragilité de sa posture vis-à-vis du groupe : une fois le cadre accepté par l'équipe, son action va souvent se limiter à être présent à ce qui se passe dans l'équipe, à poser des questions ouvertes, à proposer quelques reformulations, à recentrer l'équipe sur sa demande initiale et l'amener progressivement à désirer faire l'économie de sa prestation. Il ne peut pas s'appuyer sur un savoir conceptuel qu'il diffuse derrière un rétroprojecteur ni sur des exercices standards d'entraînement en petit groupe, comme certains consultants ou formateurs le réalisent avec brio ! Le coach d'équipe sait aussi que *cette fragilité assumée et partagée avec l'équipe est l'essence même de la valeur ajoutée de sa prestation.* Bien entendu, il lui importe de manier cette information avec délicatesse afin de se synchroniser d'abord avec les membres de l'équipe, dont l'une des premières demandes est souvent de faire appel à un expert d'une technique de changement, à un spécialiste du coaching d'équipe, à un « sachant » capable de les convaincre de la pertinence de ses réponses.

Par exemple, nous animons un séminaire de trois jours destiné à sensibiliser des managers au coaching d'équipe. Pendant la première heure, nous adoptons la position basse du coach d'équipe et non celle, attendue, du formateur animant des exercices de présentation des participants et de leurs attentes, ainsi que la formulation des objectifs et du programme du séminaire. Afin d'assurer le début de la vie du groupe, nous commençons par poser quelques questions fédératrices : qu'est-ce que le coaching d'équipe ? Quelles compétences doit posséder le coach d'équipe ? Comment allez-vous procéder pour les acquérir ? Quels rôles nous donnez-vous pour vous accompagner pendant ce séminaire ? De manière implicite, le groupe de participants est supposé s'organiser pour répondre à ces questions et construire le séminaire. Nous assistons alors, en concentré, à un florilège de ce qui se passe habituellement dans un groupe : émergence d'un leader qui prend les choses en main, refus de participer d'une personne qui ne comprend pas les règles du jeu et veut partir, tensions entre deux participants qui ont des visions différentes de la situation, application stricte du protocole proposé, recherche de consensus pour apaiser les tensions et créer de bonnes relations… De temps en temps, nous demandons aux participants de noter leurs sensations ou leurs émotions et d'observer les comportements des autres personnes. Nous arrêtons l'exercice juste avant que le désarroi et la frustration soient trop forts, en animant une séance de débriefing mettant l'accent sur le partage des faits observés – chacun en

ayant souvent une perception différente – et sur la prise de conscience de la responsabilité personnelle des participants dans la construction du film collectif. Ce dernier aspect est traité sans les culpabiliser par une question du type : « qu'avez-vous entrepris concrètement pour améliorer le processus en cours ? »
Cette première expérience est riche et fondatrice pour la suite du séminaire. Elle fait bien toucher du doigt la nature de la position basse. Dans cet exercice, la proposition et l'acceptation préalable par les participants du cadre d'intervention et du rôle précis du coach d'équipe ont été volontairement omis afin de faire prendre conscience de l'importance des règles de vie dans la démarche du coaching d'équipe.

Le coach d'équipe est le miroir de ce qui se passe, observateur du processus et non acteur/animateur. Il marche à côté de l'équipe, recherche la meilleure distance, est conscient qu'il juge les personnes et les événements, et est donc en mesure de suspendre ce jugement. Le coach d'équipe permet à chacun et au groupe de communiquer dans un espace-temps sécurisé en définissant des frontières, des règles du jeu et des protocoles de communication. Il fait constater et formaliser les processus de l'équipe et en fait réécrire le mode d'emploi afin d'améliorer le fonctionnement d'ensemble et de gagner en productivité. Il confronte l'équipe en situation opérationnelle, dans la durée, et fait réguler les tensions et les conflits.

Par sa posture, le coach éclaire la conscience immédiate du vécu de l'équipe et interagit avec les informations disponibles au présent. La conscience est une information venant de soi, pertinente et de haute qualité, de l'ordre de *l'être*, de l'empathie et de l'amour. La responsabilité est le choix d'assumer ses actes en apportant ses réponses. Elle relève de l'ordre du *faire*, de la volonté et de l'intention. Le coach accompagne l'équipe afin d'équilibrer cette dualité entre l'être et le faire. Il rend conscient l'inconscient individuel et collectif afin de transformer un futur potentiel indifférencié en un avenir probable à inventer et à construire. Le coach amène l'équipe à *prendre conscience* des obstacles et des opportunités pour mettre en œuvre sa stratégie, et l'invite à *prendre la responsabilité* de les traiter.

Le coaching d'équipe permet de creuser sous les événements apparents afin de trouver les valeurs de l'équipe, ce qui compte vraiment pour elle. Il fait travailler l'équipe pour passer de l'état actuel à l'état désiré, l'incite à faire le point afin de vérifier si elle se situe bien sur le chemin choisi à un moment donné. Il ne s'agit pas d'entraîner l'équipe à acquérir de nouvelles compétences prédéterminées, mais à découvrir par elle-même comment elle va procéder pour remplir sa mission. Être en retrait sur la conduite de l'action à mener mais aussi transmettre son enthousiasme à l'équipe – étymologiquement, être dans le souffle de Dieu. Voilà, en synthèse, le grand écart demandé au coach d'équipe.

2. La démarche de coaching d'équipe

> « Comme de l'eau qui ne s'écoule plus, une équipe qui ne se réjouit plus, ne s'encourage plus, ne se fête plus, devient stagnante. »
> Bernard Leblanc-Halmos

La démarche de coaching d'équipe s'articule habituellement en trois étapes.

2.1 Le contrat commercial et le cadrage de l'intervention

Comme en coaching individuel, **un contrat commercial** est conclu entre le prescripteur, l'équipe et le coach. Le prescripteur est souvent le manager de l'équipe avec qui le coach a déjà établi une relation de confiance. Parfois, c'est le DRH, quand celui-ci réussit à convaincre le manager de la pertinence du coaching d'équipe. *Il s'agit d'un contrat financier avec un engagement de moyens de la part du coach, et non d'un contrat d'objectifs*, car c'est bien l'équipe, lors des premières séances de diagnostic, qui définit elle-même ses priorités et comment elle va les traiter. Le coach d'équipe ne s'engage donc pas sur un résultat à atteindre, puisque celui-ci est de la responsabilité de l'équipe. Celle du coach d'équipe est d'œuvrer avec le maximum de présence, de disponibilité, d'attention, de courage et de compétence en coaching d'équipe, afin d'accompagner l'équipe dans sa recherche d'autonomie. Cet aspect du contrat est parfois difficile à faire admettre par le prescripteur !

Le **diagnostic** réalisé par l'équipe, avec l'aide du coach, permet notamment de :

– dimensionner les enjeux ;
– comprendre la nature des difficultés à résoudre ;
– situer le niveau de maturité de l'équipe ;

– définir et valider la démarche spécifique de coaching appliquée à cette équipe.

Les priorités d'action peuvent alors être précisées. Par exemple, différencier les équipiers en développant les talents individuels, mobiliser les équipiers en reconnaissant leurs besoins afin de les mettre en mouvement, unifier l'équipe en construisant sur les différences et les complémentarités, focaliser l'énergie par une vision partagée et un plan d'action concret. Le diagnostic est aussi l'occasion de créer une connivence et une alliance entre le coach et chaque membre de l'équipe.

Cadrer l'intervention consiste à travailler les demandes de l'équipe en relation avec celles de son environnement, ainsi qu'à proposer un *cadre méthodologique* pour cette démarche de changement : objectifs de l'intervention, principes de communication, articulation des outils utilisés à chaque étape, rôles des intervenants, règles déontologiques et de confidentialité, modalités pratiques…

À ce stade, il est important de déterminer la position du coach par rapport à l'équipe :

– soit l'équipe ***face*** au coach, dans une série d'entretiens collectifs et de réunions spécifiques, souvent hors de l'entreprise et des contraintes opérationnelles ;
– soit l'équipe ***avec*** le coach supervisant des réunions de travail habituelles, suivies par des débriefings et des plans d'action.

Ces deux dispositifs sont souvent utilisés de façon complémentaire.

Le coaching d'équipe nécessite à la fois une grande rigueur méthodologique et de la souplesse dans la réalisation. Par exemple, rester centré sur l'équipe considérée comme sujet client et ne pas l'investir de la mission de résoudre les problèmes de l'entreprise. En outre, l'équipe ne doit pas se perfectionner ni s'instrumentaliser pour résoudre ces problèmes. Réussir le cadrage initial implique que le coach soit bien centré et ne cherche pas à capter la sympathie de son client. C'est l'un des rares moments où le coach affirme son pouvoir dans le respect des valeurs du client, où il mène la relation afin de faire choisir un cap à l'équipe, de le conserver ultérieurement ou d'en changer explicitement. *Par contrat explicite l'équipe donne donc pouvoir au coach d'être son miroir.* Le coaching d'équipe démarre avec ce transfert de pouvoir. Exercer le pouvoir commence par se soumettre à un autre pouvoir (ex. : la politique, la relation commerciale, écrire un livre). Le pouvoir est une relation entre deux personnes qui s'influencent l'une l'autre et qui contrôlent les zones d'incertitudes de chacun. Le pouvoir est co-construit en alliance dans une relation de parité. Ce qui exclut donc pour le coach la possibilité d'envisager l'équipe comme assujettie à son manager. Si, pourtant, tel était le cas, il s'agirait soit de team building, soit de coaching individuel du manager, associant ponctuellement des interventions avec son équipe.

2.2 La réalisation des actions de coaching d'équipe

Chaque mission de coaching d'équipe est spécifique car le déroulement d'une intervention dépend des réponses apportées par l'équipe. L'idée même d'une intervention type est antinomique au coaching d'équipe, le coach étant le plus souvent en position basse de soutien et de miroir. Néanmoins, dans une visée pédagogique, nous présentons au chap. 3 un exemple détaillé d'intervention, en proposant les options possibles à chaque étape.

Le coach d'équipe agit souvent en tandem, si possible un homme et une femme, afin d'équilibrer les polarités et d'offrir un espace de transfert plus large (voir Moral et Angel, 2005).

Les actions de coaching d'équipe s'appuient sur les outils contextuels de réunion d'équipe spécifique, de supervision de réunion opérationnelle et d'atelier dédié (voir § 5.1.1). L'équipe confronte alors ses désirs de changement à sa réalité quotidienne et clarifie ses missions afin de passer de l'état actuel à l'état désiré. Elle modifie également ses perceptions de la réalité tout en restant dans le concret et centrée sur la recherche de performance. Tout un programme !

Des points d'avancement réguliers facilitent l'expression des équipiers et le recadrage des actions. Ils permettent aussi de bloquer les tentatives prématurées de recherches de solution, de faire prendre conscience des dysfonctionnements, de purger les morosités et les doutes éventuels sur l'intervention de coaching d'équipe en cours. Il s'agit d'amener l'équipe à passer de la peur à la confiance selon son degré de maturité (voir chap. 1).

C'est l'une des finalités du coaching d'équipe, de faire franchir à l'équipe les différentes étapes de son développement. Il faut beaucoup de coaching pour atteindre l'étape 3 de coopération et tout autant de suivi pour y rester, et d'ailleurs, la plupart des équipes restent bloquées à l'étape 2 d'affirmation de soi. L'arrivée d'un nouvel équipier expose à un retour vers l'étape 1 d'inclusion car ce seul changement peut modifier l'esprit de l'équipe.

2.3 L'arrêt d'une intervention de coaching d'équipe

La fin d'une intervention de coaching d'équipe est un moment important et délicat. Il est préférable que ce soit l'équipe elle-même qui décide du moment et des modalités.

Pour le coach, c'est à la fois la concrétisation réussie de son action avec l'équipe et un instant difficile s'il n'a pas suffisamment travaillé sur le changement et les inflexions de sa trajectoire personnelle. Ce paradoxe – avoir des difficultés à vivre nous-mêmes les situations que nos clients nous demandent de résoudre en raison de notre expertise – est compréhensible, car chacun s'exprime souvent le mieux dans le métier qui lui permet de répondre à ses besoins personnels les plus fondamentaux.

La durée habituellement constatée pour une intervention de coaching d'équipe varie de une à deux années. Une durée trop courte ne permet pas de fiabiliser suffisamment les changements opérés. Une intervention trop longue serait dommageable à l'équipe, notamment par rapport à sa recherche d'autonomie, au manager pour l'affirmation de son autorité sur l'équipe, et aussi à l'image de professionnalisme du coach.

En conclusion :

– le coach ne peut aller plus loin que l'équipe, dans son cadre et son envie ;
– un bon coach d'équipe est biodégradable.

3. Les principaux outils systémiques en coaching d'équipe

« Tu ne vois pas le monde tel qu'il est mais tel que tu es. »
Le Talmud

3.1 Le coach d'équipe s'inscrit dans un système

Le coach d'équipe, qui est lui-même son propre instrument de travail, perçoit et agit en fonction de son intelligence de la situation construite à partir d'une pratique diversifiée. Il ne peut transmettre que ce qu'il est devenu à un moment donné.

Afin de réussir son intervention, le coach d'équipe doit être à l'aise avec :

– la complexité – elle commence quand nous ignorons les limites de notre ignorance – et la capacité à relier la diversité à l'unité ;
– les paradoxes – propositions à la fois vraies et fausses – et la capacité à associer des notions inconciliables, à ne plus éliminer un des deux termes d'une contradiction ;
– le passage du « Je » au « Nous », de l'introspection à l'interaction, du coaching des personnes au coaching d'un système relationnel ;
– la construction de modèles de la réalité afin de modifier celle-ci, en se rappelant que la carte n'est pas le territoire mais sa représentation schématique ;
– le décodage des jeux de pouvoir en mouvement rapide dans un groupe.

Le coach d'équipe est en interaction avec le système équipe – système vivant, complexe, instable, chaotique, flou, ambigu, contradictoire et paradoxal –, en alternant les positions d'acteur présent et d'observateur dissocié de l'action en cours, dont pourtant il fait partie. Un groupe ou une équipe ne parle pas. Seuls des individus s'expriment, chacun d'eux étant lui aussi un système. Parmi les trois formes de l'équipe (voir chap. 1) le coach privilégie souvent l'approche systémique, celle-ci étant également nécessaire à l'appréhension des organisations et au pilotage de leurs changements.

Un système comporte trois caractéristiques très utiles à connaître en coaching d'équipe :

– *tout système est autonome par rapport à son environnement,* avec lequel il détermine les limites à l'intérieur desquelles il définit ses propres règles de fonctionnement (spécificités, identité, valeurs) ;
– *tout système entretient des liens de dépendance avec les autres systèmes* qui constituent son environnement, dans une certaine amplitude et dans une dynamique autonomie/dépendance ;
– ces deux caractéristiques complémentaires, en apparence contradictoires, permettent au système d'évoluer en s'adaptant à son environnement et, notamment de mettre en œuvre des actions afin de changer le moins possible, ce que la systémique nomme *l'homéostasie* (voir chap. 1, § 5.3). Tout système définit donc des modes de fonctionnement qui visent le non-changement, le maintien du *statu quo* et de l'équilibre. Il cherche à survivre dans son état actuel. En particulier, ce n'est pas parce

qu'une équipe fait appel à un professionnel pour changer qu'elle souhaite vraiment changer quelque chose.

En conséquence, le changement ne peut souvent se faire que contre ceux qui le demandent : par homéostasie, le système va tenter d'utiliser le coach d'équipe pour continuer à ne pas changer. Chaque individu défendra des avantages personnels qui peuvent s'avérer collectivement néfastes. Un patron demandera à un consultant de se substituer à lui par un processus homéostatique de disqualification de lui-même. Dans ce dernier cas, le coach d'équipe doit veiller à ne pas prendre la place du patron.

Mais tout problème représente également une solution pour le système : tout dépend de la perspective adoptée. Ainsi, se poser la question « comment font les éléments d'un système pour faire perdurer leurs problèmes ? » est préférable à « pourquoi ont-ils des problèmes ? » Comme il n'existe pas de système sans problème ni sans solution, la solution demandée par une équipe constitue donc une partie du problème à traiter.

La méthode de coaching peut être aussi un moyen de réguler le changement et de permettre à l'individu de se situer dans l'équipe.

> Un de nos clients fidèles, directeur d'une *business unit* d'un sous-traitant automobile, nous demande de coacher l'un de ses directeurs d'usine qui ne parvient pas à mobiliser ses équipes. Après avoir rencontré celui-ci, nous revenons vers notre client afin de partager notre diagnostic. Le problème se situe d'abord au niveau de la *business unit* et notamment de son patron, c'est-à-dire de lui-même, excellent ingénieur mais manager autoritaire, faisant appel à des consultants extérieurs à la moindre difficulté. Au final, nous avons construit avec lui l'intervention suivante : un coaching individuel comme envisagé, mais pour lui-même, afin qu'il expérimente un style de management plus adapté aux besoins de reconnaissance de ses directeurs, doublé d'un coaching d'équipe de son Comité de Direction. Il y participe comme patron actif, afin que son équipe détermine elle-même, s'approprie et mette en œuvre les changements nécessaires. Bien entendu, nous n'avons réussi à faire accepter cette solution aussi rapidement que grâce à notre relation préalable de confiance. Avec de nouveaux clients, le délai de prise de conscience peut être allongé, voire illimité !

3.2 Le changement

Il est reconnu par la systémique comme étant de deux types :

– ***le changement de type 1 – superficiel*** – est réversible. Il est fondé sur le volontarisme, la répression des pulsions et le changement de réaction face à un stimulus. C'est le passage instable d'un état à un autre. Apporter des solutions est un changement de type 1, dont l'intérêt est limité pour l'évolution du système ;

– ***le changement de type 2 – durable*** – implique une transformation, une nouvelle représentation de la réalité, un changement de lunettes, par une modification de la vision du monde et des grilles de lecture. Ce changement passe par la prise de conscience qu'en amont des comportements existent des émotions nourries par des représentations mentales provenant des expériences antérieures de la personne. La modification de ces représentations est la condition d'un changement pérenne conduisant à l'autonomie de l'équipe, y compris par rapport à son coach. Le changement de type 2 passe souvent par une crise permettant de changer les représentations mentales et de bousculer le niveau d'homéostasie : le bon dirigeant est celui qui crée les crises !

La difficulté est de changer les représentations de l'équipe. Comment devenir autre en conservant l'essentiel ? Selon Edgar Schein (1992), cette difficulté dépend du niveau de maturité de l'organisation : il est plus difficile de changer une structure mûre dans laquelle l'identité est profondément enracinée sous la forme d'une véritable culture. Il préconise une approche cognitiviste inspirée de Lewin (1947) visant à la déconstruction de la culture actuelle, puis sa reconstruction suivie d'une phase de consolidation des nouvelles représentations. Ce changement n'est possible que si la situation – pertes, concurrence – provoque une inquiétude suffisante pour contrebalancer l'homéostasie.

3.3 La métacommunication

C'est un outil fondamental de la systémique. *Méta* signifie en grec : au-delà de, ce qui englobe et donne du sens. Métacommuniquer consiste à communiquer sur la manière dont nous communiquons : être capable de sortir du contenu pour observer ce qui se passe dans la relation, avec chaque équipier, avec le groupe et en soi en train de coacher. En sciences physiques comme en sciences humaines la neutralité n'existe pas : la nature de la lumière dépend du protocole d'observation utilisé, l'observateur est contenu dans ce qu'il observe. La communication est un matériau technique comme un autre.

Prendre soi-même une position *méta* et amener l'équipe à l'expérimenter et à la maîtriser – dissocier le territoire de la carte le représentant – est donc l'essence même d'un accompagnement d'équipe efficace dans son contexte.

Nous utilisons souvent la représentation suivante afin d'amener l'équipe à prendre conscience que toute communication se situe entre les deux polarités, basse ou haute, la polarité basse étant la plus puissante, notamment en négociation :

Position :	**Basse du coach** poser des questions	**Haute de l'animateur** donner des réponses
Logique :	**Non linéaire** rétroaction et paradoxe	**Linéaire** relation de cause à effet
Relation :	**Complémentaire** lien de parité et coopération	**Symétrique** comparaison et violence
Langage :	**Non verbal** ne pas regarder la personne qui parle mais les autres	**Verbal** regarder l'orateur
Action :	**Agir**	**Réagir**

En synthèse, les outils systémiques permettent donc au coach d'expérimenter avec l'équipe :

– *la coresponsabilité* : le tout est supérieur aux parties (synergie) et chaque équipier interagit avec l'ensemble en s'enrichissant des différences ;
– *la co-protection* : pouvoir changer en sécurité et utiliser l'homéostasie pour assurer la pérennité de l'équipe, à ne surtout pas confondre avec surprotection qui, au contraire, paralyse le système ;
– *la co-création* : la synergie entre les équipiers décuple leur réussite dans une finalité partagée.

4. Les outils de base du coaching utilisés en coaching d'équipe

« Moi, pour l'humilité, je ne crains personne. »
Un moine espagnol du XVIIe siècle

L'homme est un être de relation qui n'accède à lui-même que s'il est interpellé par l'autre. La priorité du coaching individuel consiste donc à établir une relation avec le client, en se synchronisant avec lui. Être à l'aise et acquérir la justesse dans la relation sont le résultat d'un long travail sur soi. L'attitude de coaching nécessite l'apprentissage d'une vie : le geste de se mettre à l'ordre à l'intérieur de soi, à la seconde et à la demande.

Les outils de base du coaching individuel utiles au coach d'équipe sont rappelés ici en synthèse. Ils sont présentés selon la relation client-coach et en fonction de l'utilisation ou non du mode verbal dans les interventions du coach. Les interventions verbales du coach ont été analysées dans *Coaching* (Moral & Angel, 2005). En coaching d'équipe, c'est la communication non verbale qui prévaut.

4.1 La relation client-coach

Elle se veut d'abord une relation équilibrée entre égaux où chacun apporte ce qu'il est au moment où s'établit cette relation.

4.1.1 La synchronisation

Au début de toute relation, elle permet de se mettre au niveau de son interlocuteur. Se synchroniser consiste à s'intéresser d'abord à l'autre personne et à l'accueillir, avant de traiter l'objet de l'entretien de coaching. Le coach prend d'abord en considération la personne et ses perceptions, l'acteur en train d'agir, avant de s'intéresser à l'objet ou à l'action à accomplir. La synchronisation appartient à la personne qui mène l'entretien même s'il est préférable que les deux la recherchent. Le coach est conscient de ce moment magique, les cinq premières secondes ou les cinq premières minutes, où tout est dit en potentiel. Il y met toute son attention, sa présence et son cœur.

4.1.2 L'écoute active

Elle consiste à être centré sur son interlocuteur afin de lui faciliter l'appropriation du problème, de la solution et de l'action à mener, en questionnant, reformulant et synthétisant ce que l'on a entendu. Avant d'être une affaire de technique, l'écoute active est d'abord d'une question d'attitude, d'humilité, de comportement, de disposition intérieure et de disponibilité pour entendre ce qui n'est pas soi. Le coach sait bien que la position relationnelle qu'il adopte vis-à-vis de son client, et donc la perception qu'il a de lui, conditionne la réussite de son intervention. La neutralité n'existe pas en coaching : le coach est un bienveillant inconditionnel.

4.1.3 L'empathie

Être en empathie avec une personne consiste, pour un temps limité de suspension du jugement, à l'accompagner dans son monde intérieur afin de l'aider à le percevoir plus clairement. Le coach pratique l'empathie avec son client quand il comprend son contexte et ses modes de fonctionnement et les lui renvoie en miroir, sans projeter ses propres représentations. L'empathie permet de mettre l'accent sur les aspects affectifs et émotionnels des problèmes plutôt que sur leur aspect intellectuel ou conceptuel.

4.1.4 La congruence

Un coach est congruent quand ses pensées, ses mots et ses actes sont alignés. La congruence implique que le coach soit prêt à vivre et à exprimer, sans se censurer, tout sentiment positif ou négatif qui persisterait au sein de la relation. Rechercher sa propre congruence est d'ailleurs le meilleur outil à la disposition du coach pour entraîner son client et lui donner envie d'être congruent lui-même. ***L'intégrité*** est la capacité à ressentir ce qui est vrai pour soi et à l'exprimer de façon claire et assimilable par l'autre. Elle développe le sentiment de confiance et d'authenticité entre deux personnes.

> Lors des premières réunions avec l'équipe, nous mettons en évidence :
> – d'une part que les progrès collectifs ne peuvent pas se développer sans confiance réciproque. Cette confiance se construisant sur des actes et non sur des mots, elle va de pair avec la congruence et l'intégrité, en commençant par celles du manager de l'équipe ;
> – d'autre part, que la pratique régulière de la congruence et de l'intégrité est difficile car elle nous met en relation avec deux angoisses souvent ancrées profondément : *l'angoisse d'envahissement et l'angoisse d'abandon.* Par exemple, si je m'approche de mon interlocuteur en pratiquant l'intégrité, je prends le risque soit d'être envahi, soit que mon interlocuteur rompe la relation si mes propos ne lui plaisent pas. Ces deux risques inacceptables pour moi peuvent limiter ma capacité d'intégrité et, en conséquence, je me protège souvent de ces deux angoisses en construisant des défenses très puissantes.

4.2 Les interventions verbales du coach

4.2.1 La question

C'est l'outil principal du coach : questions ouvertes, non inductives et de relances. Le coach est l'expert de la question. Son erreur consisterait à poser des questions fermées, sauf s'il souhaite déclencher une réaction. Une question est fermée s'il n'est possible d'y répondre que par oui ou par non. Elle commence souvent par « est-ce que ? » La technique pour la transformer en question ouverte est de la remplacer par « qu'est-ce que ? quoi ? comment ? quel ? » Par exemple : « est-ce que vous êtes d'accord ? » devient « quel est votre avis ? » Le questionnement non inductif permet au coach d'accompagner la progression de la pensée de son client, sans la précéder. Il consiste à amener le client à construire son propre avis en explorant des alternatives nouvelles, en précisant et approfondissant ce qu'il dit.

4.2.2 La reformulation

Elle permet de valider la perception du coach en l'exprimant dans les termes les plus proches possibles de ceux utilisés par le client. Bénéficiant de cette reformulation, celui-ci peut alors vérifier la qualité d'écoute du coach. Reformuler n'est pas paraphraser avec d'autres mots ce que vient de dire le client, mais bien lui renvoyer sa propre image, la plus fidèle possible, comme un miroir. Le coach est miroir lorsqu'il reflète le message afin de le clarifier, de susciter la reconnaissance du message émis, de faire ressortir l'essentiel dans une synthèse et de relancer la discussion, si nécessaire.

4.2.3 Le cadrage[1]

Il permet au coach de ramener le client à sa demande initiale ou de revenir sur un point important à approfondir. L'opposé du cadrage est le bavardage, la digression et la superficialité.

4.2.4 La décentration

Elle facilite le changement de point de vue et favorise l'expression des émotions. Quand la capacité émotionnelle du client est bloquée, ce qui est

1. Outil déjà présenté dans le § 2.1 – La démarche de coaching d'équipe.

souvent le cas en situation conflictuelle, l'une des solutions est d'amener celui-ci à changer de perspective, à se décentrer. La décentration facilite aussi la recherche de solutions créatives à un problème personnel ou collectif dont l'enjeu affectif est fort. La décentration est utilisée en complément du cadrage.

Pour réussir la décentration, le coach dispose de trois leviers principaux :

– **l'espace** : se mettre dans la peau de quelqu'un d'autre facilite la prise de conscience, permet de mieux se comprendre et comprendre les autres ;
– **le temps** : visualiser les résultats atteints dans le futur permet de se motiver à l'action de changement et facilite le processus. La visualisation est une technique de décentrage ;
– **le conditionnel** : le « et si ? » donne souvent l'autorisation de percevoir la réalité autrement et de changer ses modes d'action.

Le temps disponible étant limité en coaching, il est très efficace de partir de la situation vécue par une personne ou par une équipe, de l'amener à changer de perspective pour percevoir sa situation sous un autre angle, puis de revenir au présent avec des solutions inédites.

4.2.5 Le passé de l'équipe

Il est rarement à prendre en compte en coaching, sauf pour aider les équipiers à retrouver leurs sensations fondatrices, leurs « madeleines » personnelles.

Pour amener une équipe à reprendre contact avec des valeurs humaines parfois défaillantes d'estime et de respect de soi comme des autres, nous animons l'exercice suivant : « Individuellement, revenez à votre enfance et pensez à un adulte que vous aimiez bien quand vous le rencontriez. Les yeux fermés, vous vous voyez avec lui, vous l'entendez parler, vous le ressentez près de vous. Quelles étaient ses qualités ? Comment vous sentiez-vous en sa présence ? Faites l'exercice avec deux autres adultes de votre enfance qui ne soient pas vos parents. Partagez vos réponses en binôme. » Nous constatons que les réponses des différentes équipes sont étonnamment cohérentes et indifférentes à l'origine culturelle des équipiers. Les adultes de notre enfance sont à l'écoute et nous donnent toute leur attention, nous traitent en égaux et nous respectent, ils ont foi en nous et nous sécurisent, ils sont enthousiastes avec beaucoup d'humour. En face, l'enfant se sent apprécié, nourri, unique, reconnu, aimé inconditionnellement et tiré vers le haut. Reste alors à chaque équipier, au coach d'équipe et, surtout, au manager de l'équipe, à se comporter comme ces adultes face aux enfants que nous sommes restés émotionnellement, afin d'amener cette équipe ordinaire à réaliser des choses extraordinaires.

4.3 Les interventions analogiques ou non verbales du coach

4.3.1 Le langage analogique

Le langage analogique est celui de l'inconscient qui exprime nos émotions. Il est directement perçu et retenu par notre auditoire, bien avant les mots que nous prononçons. Ce sont les gestes qui accompagnent notre discours ou notre silence, les mimiques qui animent notre visage, l'intonation et le rythme de notre voix, notre posture corporelle. **Le lapsus corporel** est la réalisation d'un mouvement à la place d'un autre. Par exemple, marcher sur le pied de quelqu'un que l'on va accueillir n'est pas seulement de la maladresse. Il peut s'agir d'un refus inconscient de recevoir la personne ou d'une volonté de marquer son territoire.

4.3.2 L'intuition

C'est une perception rapide et spontanée d'une information sans l'attention consciente ou le raisonnement, une capacité de connaître qui ne recourt pas à la déduction ou au raisonnement. C'est aussi l'un des moyens d'accès à l'inconscient individuel et collectif. L'intuition est l'intelligence de la vie, notre talent pour aller au fond des choses et comprendre la vraie nature de ce que nous rencontrons : les événements, les gens, la connaissance, nous-mêmes… Le mot intuition vient du latin *intueri* qui signifie : regarder attentivement à l'intérieur de soi. L'intuition n'est pas un acte volontaire. C'est un état de présence, d'attention et de réceptivité qui modifie le niveau de conscience et la capacité de percevoir jusqu'à faciliter les perceptions extrasensorielles.

Utilisée en complément à la compétence émotionnelle, avec discernement et après vérification, l'intuition donne ainsi de la profondeur et de la fiabilité à l'apport du coach. Elle lui permet d'identifier avec fiabilité son chemin dans un labyrinthe inconnu de lui et souvent du client lui-même. Un coaching réussi est le résultat d'une alchimie entre l'utilisation de méthodes rationnelles et de l'intuition.

> L'intuition est présente à chaque instant au cours d'une séance de coaching. Le coach doit en tenir compte et vérifier à l'aide de ses autres outils la pertinence de l'information reçue par intuition. S'il perçoit une dissonance entre ce que lui dit son client et l'écho de sa petite voix intérieure, il teste cet écho par une question

ouverte. L'intuition l'aide également à approfondir certains traits psychologiques de son client ou certaines causes enfouies de ses difficultés relationnelles actuelles.

4.3.3 L'émotion

Elle est le principal moteur de nos actions et ce qui nous rend humain. Rien ne parvient dans l'intellect qui ne soit déjà saisi par les sens. Toute connaissance que n'a pas précédée une sensation ou une émotion est inutile. La maîtrise des émotions, les siennes et celles de son client, est donc au cœur des techniques du coach car la conscience de nos émotions affine notre appréciation d'une situation et précise notre capacité à décider et à agir. Par ailleurs, le ressenti des personnes est rarement pris en compte dans l'entreprise, avec pour conséquence une perte d'efficacité par la privation de cette source d'information, ainsi qu'un manque de plaisir relationnel.

Étymologiquement, l'émotion est ce qui met en mouvement, ce qui fait avancer, ce qui incite à agir. « Émotion » vient du latin *movere* (se mouvoir), et du préfixe *ex* (mouvement vers l'extérieur). Nous sommes en général peu conscients de la force de nos émotions ou de ce qui les déclenche. Elles sont générées automatiquement par la partie limbique de notre cerveau. Il est parfois difficile de savoir quelle émotion nous ressentons : peur, colère, tristesse ou joie, avec des intensités différentes et des mélanges possibles entre elles. Et ce que nous avons du mal à dire, à exprimer, devient mal à dire, maladie. Ce qui ne s'exprime pas s'imprime.

L'intelligence émotionnelle d'une personne est souvent prédictive de sa réussite : par exemple, on ne dirige pas efficacement sans communication de son émotion et de son désir (ou de sa peur). La compétence émotionnelle du coach est donc essentielle pour accompagner son client vers davantage de conscience d'une situation, afin que celui-ci perçoive mieux les questions et les réponses pertinentes. La développer et l'utiliser avec fiabilité en coaching consiste d'abord pour le coach à se centrer sur son client et à l'écouter. Au-delà des mots prononcés, le langage analogique non verbal, le son de la voix, la vitesse d'expression, les lapsus verbaux et corporels sont autant d'informations que le coach écoute avec ses sens, son intuition et son cœur.

Travailler les polarités – QI (quotient intellectuel) et QE (quotient émotionnel) – permet de passer de la conscience de soi à la compétence interpersonnelle, au travers du management de soi et de la conscience des autres (John Whitmore, 2005).

4.3.4 La synchronicité

Elle est définie par la science comme une coïncidence d'événements apparemment dus au hasard mais reliés d'une manière significative. Carl Gustav Jung fait référence à la synchronicité comme à la coïncidence dans le temps de deux ou plusieurs événements sans relation causale et ayant le même contenu significatif. Les événements qui se produisent à l'extérieur de nous ne sont donc, dans une certaine mesure, que l'écho et le reflet visible de notre état intérieur, psychologique et spirituel. Ce qui est dedans est comme ce qui est dehors ! Entre l'événement et moi, entre l'autre et moi, il y a le troisième terme, la relation. Je ne peux pas changer l'événement passé et je ne peux pas changer l'autre, tel qu'il est à un moment donné. Je ne peux que commencer à me changer moi-même, et ainsi changer la relation, la façon dont je la vis, et peut-être ainsi faciliter les changements extérieurs.

4.3.5 La projection psychologique

La projection psychologique est l'attribution aux autres, de manière inconsciente, de sa vision personnelle du monde. La projection est le mécanisme de l'imaginaire qui permet le contact et la compréhension d'autrui.

Elle permet de bien percevoir l'interaction entre l'univers intérieur et l'univers extérieur. Pour soi, l'extérieur n'a pas de réalité, tout vient de ce que l'on est. L'un des aspects de la psyché humaine est de juger, pour se situer et se croire différent. Plutôt que d'arrêter de juger les autres, ce qui est inaccessible, je peux utiliser cette habitude comme un moyen de connaissance de soi. Quand je rencontre l'histoire de l'autre, elle lui appartient, mais ce qui me fait réagir dans son histoire, c'est uniquement ce qui me concerne. Si je suis porté à mépriser ou à détester chez autrui certains traits de caractère, soit je ne supporte pas le renvoi de ma propre image, soit j'ai besoin de compenser un trait de caractère opposé. La projection psychologique devient pathologique lorsqu'un individu prête à l'environnement des pensées, des intentions ou des sentiments qui lui appartiennent, de manière inconsciente et systématique.

4.3.6 L'ombre

Elle se compose de tous les éléments personnels et collectifs de la psyché qui n'ont pas été reconnus par la personne comme faisant partie de sa réalité, à cause du caractère incompatible de ces éléments avec la forme de vie qu'il a consciemment choisie. Bien que l'individu soit enclin à la trouver honteuse et à la garder inconsciente, l'ombre fait partie de sa totalité. S'il parvient à l'accepter, il récupère toute l'énergie psychique qui lui est rattachée. Intégrée, l'ombre est donc source de créativité et de vitalité.

> L'ombre du coach est souvent la toute-puissance. Quelle extrême violence cache en fait son extrême attention aux autres ?

4.3.7 L'influence de la culture

Le coach d'équipe, surtout s'il a l'ambition d'avoir pour clients les directions d'entreprises multinationales, doit ajuster sa compréhension de la communication non verbale aux variations de celle-ci selon les cultures. Par exemple, le silence d'un Japonais (signe de respect) n'a pas le même sens que le silence d'un Américain ou d'un Italien (voir Moral, 2004).

5. Les outils spécifiques au coaching d'équipe

« J'ai refait mes calculs. Notre projet est irréalisable. Il nous reste à le réaliser. »
Latécoère (directeur de l'Aéropostale)

Le coach d'équipe est son meilleur outil, après avoir intégré et oublié ce qu'il a appris !

Outre les outils de base du coaching, de la systémique, de partage de diagnostic et d'animation de groupe, quelques outils spécifiques au coaching d'équipe ont été développés. Insuffisamment sans doute, mais en fin de compte c'est sa personne qui fera la différence, ce qui offre un terrain d'investigation pour les futurs coachs d'équipe !

5.1 Les outils relationnels entre le coach et l'équipe

Ils permettent au coach de communiquer de manière professionnelle avec l'équipe, en utilisant la position basse le plus souvent possible.

5.1.1 Les outils contextuels

Ils définissent la forme de l'intervention du coach selon le contexte de l'équipe et son degré de maturité.

– *L'entretien d'équipe* met en scène l'équipe face au coach, dans une série d'entretiens collectifs et de réunions spécifiques, souvent hors de l'entreprise et des contraintes opérationnelles.
– *La supervision de réunions* de travail habituelles de l'équipe permet de coacher l'équipe dans son contexte opérationnel. Le coaching de l'équipe se déroule tel que nous l'avons défini dans les pages précédentes. Il est suivi par des débriefings et des plans d'action.
– *Les ateliers dédiés* ont pour but d'approfondir une problématique : construire une vision partagée, résoudre un conflit en clarifiant les territoires, élaborer le plan stratégique, définir le plan de déploiement du coaching dans l'entreprise…

5.1.2 Le débriefing

Il est indispensable pour tirer les conclusions opérationnelles d'une séquence de vie commune de l'équipe. Dans la vie courante, ce moment est souvent retardé, voire supprimé, car il peut apparaître comme une perte de temps. À l'inverse, en coaching d'équipe, c'est le moment privilégié de la récolte des enseignements de l'action, de la transformation d'informations diffuses en prises de conscience partagées et en actions concrètes. Le coach structure le débriefing et pose les questions, l'idéal étant de laisser l'équipe le piloter elle-même, de l'inciter à poser les bonnes questions et à chercher les réponses. Quelques questions types :

– Que voulez-vous atteindre à la fin de cette séquence ?
– Qu'avez-vous appris ?
– Comment avez-vous vécu cette expérience ?
– Comment allez-vous le refaire la prochaine fois ?

5.1.3 L'inconscient collectif

Il a été conceptualisé par Jung qui distingue deux types d'inconscient, le personnel et le collectif. L'inconscient personnel se compose des expériences refoulées et du matériel psychique non accessible par la conscience. L'inconscient collectif constitue la partie la plus influente de l'appareil psychique. Il se compose essentiellement d'*archétypes* : images primordiales, formes potentielles de pensées et d'émotions universelles héritées des générations précédentes, qui prédéterminent la manière qu'aura l'individu de comprendre le monde et de s'y relier. Les archétypes dont nous sommes porteurs orientent fortement nos croyances, nos perceptions, nos émotions, nos réactions, nos attitudes, nos comportements et nos décisions.

Le coach travaille avec l'inconscient collectif de l'équipe et pose des questions qui permettent aux équipiers de partager les imaginaires, de prendre conscience des représentations groupales, de sa propre culture, de ses croyances limitantes et de ses comportements peu performants. Il fait constater que chaque membre s'exprime et agit à deux niveaux. D'une part en son nom propre, en fonction de ses objectifs et pour répondre à ses besoins individuels, et d'autre part pour partie au nom de la pensée collective.

Le coach d'équipe dispose de deux sources d'information :
– d'une part, ce qu'exprime chaque équipier par ses mots, son comportement et ses actes, en intégrant les effets amplificateurs du groupe et le constat des relations entre équipiers ;
– d'autre part, ce qu'il ressent lui-même, manifesté par ses émotions, ses sensations et le constat de son contre-transfert. Un malaise ou un état d'euphorie personnel ne doit pas être seulement interprété au premier degré par le coach d'équipe, mais utilisé comme une matière première objective à sa disposition. Pour progresser, le coach d'équipe doit calibrer son propre ressenti.
Ces informations sont disponibles pour aider l'équipe à identifier et à interpréter ce qui est en train de se dérouler.

5.1.4 Le temps

Il est l'allié du coach. Le changement de rythme permet de surprendre l'équipe dans ses routines de fonctionnement. Par exemple :

– si une équipe dispose d'une année pour mener à bien son projet, le coach lui donne deux heures pour tracer les grandes lignes de ce qui sera délivré dans une année ;

– si la plainte habituelle de l'équipe est de manquer de temps, le coach propose que toutes les réunions soient réduites de moitié pendant un mois ;

– si une équipe commerciale cultive le stress et traite plusieurs thèmes simultanément, le coach prend l'initiative de faire faire une marche d'une heure dans un endroit paisible, en demandant à chacun de noter ses idées et ses sensations.

L'objectif commun à ces exemples est de décentrer l'équipe afin de lui faire expérimenter d'autres processus de fonctionnement et, ainsi, augmenter ses marges de liberté d'action.

5.2 Les outils propres à l'équipe

Le coach amène l'équipe à les utiliser spontanément, y compris en dehors de sa présence.

5.2.1 Le feed back

C'est un retour de sa propre image perçue par les autres. Le partage de cette information est donc essentiel à la réussite d'une équipe. Chaque équipier s'entraîne à donner et recevoir du feed back ainsi qu'à reconnaître le rôle de chaque membre. Le feed back ne consiste pas à donner son opinion sur les qualités de la personne. Il s'appuie sur l'observation des faits et non sur leur interprétation. Dire ce que l'on pense à un équipier est un des plus beaux cadeaux que l'on puisse lui faire car cela lui permet d'ajuster son comportement et son action. La capacité à accepter le feedback par les équipiers est un des meilleurs pronostics du succès du processus de coaching d'équipe.

Par ailleurs, il est important d'être conscient des limites émotionnelles de la personne qui reçoit le feed back. Concrètement, il existe des protocoles pour se parler vrai en équipe, tout en assurant la progression de la communication et la protection de chacun. Les *« trois lois de l'entraîneur »,* détaillées ci-après, sont un des protocoles privilégiés.

> Sandrine Testud, en Fed Cup de tennis, l'équivalent féminin de la Coupe Davis, a perdu le premier set. Elle est menée dans le second set car elle se contente de jouer – bien – en fond de court mais ne monte pas suffisamment au filet. Changement de côté. Vous êtes Yannick Noah, entraîneur de Sandrine, et vous avez trente secondes pour inverser le sens du match.
> *Que lui dites-vous ?* Vous avez bien présent à l'esprit que Sandrine est une athlète de haut niveau, donc hypersensible, en compétition représentant son pays, menée au score et le sachant bien.
> Comme Yannick Noah vous appliquez les trois lois de l'entraîneur :
> **1.** D'abord vous évoquez *les vrais points forts* de l'équipière, ceux auxquels vous pensez vraiment : « Sandrine, bravo, tu fais jeu égal avec elle en fond de court. Tu lui as même marqué quelques superbes *passings* de revers. Continue ! ». Si

vous ne pouvez pas en trouver, le problème se situe ailleurs, par exemple dans la sélection initiale.

2. Puis vous indiquez *les progrès à réaliser*, en les reliant à un objectif concret à atteindre, sans utiliser aucune transition avec les points forts du genre : « mais, en revanche, par contre ». Vous lui dites : « Pour gagner le second set et gagner le match, il est essentiel que tu viennes conclure au filet comme tu l'as si bien fait lors de ton dernier match. »

3. Vous concluez par *vos encouragements*, par le rappel de ses victoires précédentes, par votre confiance dans ses capacités. Vous lui rappelez que vous êtes avec elle, sans condition : « Sandrine, j'ai confiance en toi. Tu as déjà remporté deux matchs contre elle. Tu as les moyens de gagner. Je suis avec toi. Vas-y ! »

Cette méthode en « sandwich » – point fort, recommandation, encouragement – donne de biens meilleurs résultats que celle-ci, heureusement très rarement utilisée : « Sandrine, tu es vraiment nulle, on dirait que tu as des semelles de plomb. Bouge-toi un peu. Si tu continues à jouer aussi mal je suis certain que tu vas encore perdre ! »

5.2.2 Le questionnement synergique

Il consiste à se centrer sur l'autre personne et sur les conséquences collectives des changements de comportement et de méthode d'action. Il aide les individus à découvrir par eux-mêmes la force du jeu collectif, en mettant en arrière (provisoirement) les intérêts personnels, en faisant évoluer les problèmes tabous et en levant les malentendus et les blocages. Le questionnement synergique permet notamment d'amener les équipiers à être eux-mêmes tout en focalisant leur attention sur les objectifs et le désir de l'autre. Ils peuvent ainsi coopérer en travaillant la conscience et la responsabilité par un questionnement ciblé adressé à chacun des autres équipiers : d'une part « que veux-tu faire, quelles sont tes préférences ? », et d'autre part « quel en est l'impact sur les autres équipiers et sur l'équipe ? quel en sera l'effet sur toi si quelqu'un d'autre le fait ? » Par ailleurs, la résolution d'un problème concret peut être également utilisée par le coach d'équipe comme une métaphore qui permet de développer la confiance et la coopération, en aidant chacun à concilier ses intérêts personnels et ceux de l'équipe.

Le jeu de la vie ou dilemme du prisonnier est un excellent outil pour faire vivre ce questionnement synergique et montrer que l'intérêt de chaque équipier rejoint l'intérêt collectif. Par exemple, l'équipe se scinde en deux groupes. Chaque groupe peut gagner et faire aussi gagner l'équipe complète en jouant la coopération, la confiance et la communication. L'un des groupes peut gagner seul, mais en pénalisant l'équipe. Sur l'ensemble des équipes à qui nous avons proposé ce jeu, une large majorité a privilégié les intérêts de l'un des groupes contre ceux de l'équipe. Le plus souvent, le calcul objectif pour faire gagner l'équipe et chaque groupe a été identifié. Mais les fonctionnements archaïques des individus l'ont emporté sur leur intérêt rationnel. Ce qui laisse encore beaucoup de champ au développement du coaching d'équipe !

5.2.3 La résonance systémique

Elle met en évidence qu'il est possible d'interpréter la problématique non visible du fonctionnement d'une équipe à partir de son comportement au cours d'un atelier ou d'un débriefing. Le coach d'équipe peut alors observer – et faire constater par les équipiers – le *reflet* de ce qui se passe dans la réalité du système équipe, en son absence. Ce phénomène aurait été identifié par Mony Elkaïm (1995), quoiqu'il soit fait allusion à un mécanisme similaire dans le *Manuel d'AT* de Steward & Joines (2001, p. 329) : « Le *processus de groupe* est considéré comme essentiel dans l'École classique de l'AT. Cela signifie que ce qui se passe entre le client et les autres membres du groupe est censé reproduire le problème qui l'amène en thérapie. »

Par exemple, si au cours du débriefing d'un exercice, les personnes se coupent la parole ou bien ne savent pas sortir de l'anecdotique, il y a une forte probabilité pour que les réunions importantes de ce groupe se déroulent de la même façon.

5.2.4 La confrontation

Elle accélère la prise de conscience de la nécessité de changer les limites acceptées par l'équipe, mais qui entravent sa performance. La confrontation consiste à mettre l'équipe ou l'équipier en face de transgressions des règles établies pour l'entreprise ou l'équipe elle-même, qu'elles soient implicites, explicites, voire culturelles.

Le CoDir se plaint qu'il y ait des retardataires au meeting de lancement du début d'année mais, lors des supervisions de réunion de ce même CoDir, plusieurs membres sont arrivés en retard.

6. Les outils de partage du diagnostic et des stratégies d'action

« Je ne suis pas responsable de ce qu'on m'a fait,
mais je suis responsable de ce que j'en fais. »
Boris Cyrulnik

Ces outils permettent d'analyser la situation d'une équipe et de ses équipiers, d'établir la typologie des modes de fonctionnement d'une personne, des modes de communication entre deux personnes, ou le niveau de fonctionnement d'une équipe. Certains comportent une méthodologie pour provoquer le changement et évaluer les résultats. À partir de questionnaires d'autoévaluation ou remplis par l'entourage, la plupart permettent de caractériser une personne à partir de ses traits de personnalité ou de comportement. Ces outils font l'objet d'une abondante littérature et sont enseignés dans les écoles de coaching et les instituts spécialisés. Nous listons ci-après les principaux, chaque coach d'équipe pouvant utiliser les outils les plus adaptés aux problématiques rencontrées par l'équipe et ceux qu'il maîtrise le mieux (voir aussi le chap. 3).

6.1 Les outils à utiliser en priorité en coaching d'équipe

Nous mettons en garde le lecteur contre toute utilisation abusive, voire exclusive, de ces outils en coaching d'équipe. Leur principal intérêt est d'accélérer la prise de conscience, de faciliter le décentrage de l'équipe et de communiquer plus aisément avec les équipiers sur leurs aspects comportementaux parfois générateurs d'émotions vives. La préférence est donnée aux outils visuels facilitant le partage et la mise en action des conclusions.

– **Les styles sociaux** décrivent la façon dont la personne est perçue par l'environnement selon les deux axes de pouvoir et de communication, mettant en évidence quatre styles sociaux et comportementaux différents, pouvant comporter chacun quatre sous-styles. Parmi les principales approches des styles sociaux, deux sont orientées vers *ce qu'est la per-*

sonne (Le DISC de Marston, 1928, et le profil des préférences cérébrales de Ned Herrmann, 1978, dit HBDI). Si la culture relationnelle – l'ensemble des codes relationnels attendus, par exemple être jovial ou bien être déterminé – de l'équipe ou de l'entreprise est connue, on peut évaluer la différence entre ce qui est attendu de la personne et la façon dont elle est perçue. Deux autres approches des styles sociaux sont orientées vers *la relation entre personnes :* le PERSONA inspiré de Jung (Osgood, 1950) et le TRACOM plus récent, appuyé sur des travaux scientifiques (recherches collectives adaptées à chaque culture). Ces deux dernières approches sont utiles lorsque la maturité de l'équipe est faible ou moyenne. Au niveau de l'action à mener avec l'équipe, il y a un lien étroit entre le stade de développement et la perspective à adopter pour travailler avec elle. Lorsque la maturité est faible ou moyenne, et les interactions insuffisantes ou inadéquates, il faut les développer en priorité. Tandis que si la maturité est haute, l'interdépendance est acquise et c'est la créativité, l'innovation ou la hardiesse qu'il faut encourager.

– **Les indicateurs de personnalité,** issus pour la plupart des concepts de Carl G. Jung, déterminent les profils et les rôles recherchés dans une équipe. Citons le MBTI (Myers-Briggs, 1962), le TMS (Margerison-McCann, 1985), le SPI (Belbin, 1981), le 16PF (Cattel-Eber, 1970) et le BIG FIVE (McCrae-Costa, 1990).

– **Le 360° simplifié** permet d'obtenir un retour d'image de chaque équipier de la part des autres membres de l'équipe. Le résultat est un portrait subjectif construit à partir des perceptions de chacun sur les points forts de la personne, ses points de progrès et les actions à mener pour réussir. L'information est obtenue soit par entretien individuel mené par le coach, soit par questionnaire anonyme.

Le RSI – Réalité, Symbolique, Imaginaire (Huber, Karli & Lujan, 2003) – est un outil moins connu que les précédents. Nous l'utilisons en particulier pour accélérer le passage du stade de compétition à celui de coopération. Cet outil est une traduction opérationnelle des travaux du psychanalyste Jacques Lacan – les anneaux borroméens – pour expliquer le fonctionnement psychique normal. Il permet de mieux comprendre les cultures au sein des organisations et d'identifier les scénarios de fonctionnement pathogènes sources de souffrance psychique et de démotivation, donc peu performants économiquement.

La Réalité/R est la perception que nous avons de ce qui se passe, la description de l'état des lieux, ordre ou chaos. Le changement impacte notre réalité, donc affecte notre zone de sécurité. Nous vivons cette réalité sur le mode du ressenti, donc empreint d'imaginaire (les fantasmes sources d'illusions ou d'angoisse) et de symbolique (les rites sources de frustration ou de reconnaissance).

Le Symbolique/S est ce qui permet de relier les éléments entre eux et de donner une place au sens. Étymologiquement, le *sumbolon* est ce qui unit les hommes entre eux, à l'image de Dieu, le *diabolum* étant ce qui les sépare, à l'image du diable. Concrètement, il s'agit des règles que les acteurs se donnent à eux-mêmes pour respecter et reproduire la loi commune : codes de l'organisation, valeurs, repères et représentations graphiques comme l'organigramme. Le changement modifie les représentations symboliques : changement de titre, de statut, de taille de bureau ou de voiture de fonction.

L'Imaginaire/I est la reconstruction de la réalité afin de lui trouver un sens en accord avec nos désirs. L'imaginaire est le fruit de notre intelligence. Il peut devenir autonome et surpuissant, et s'exprimer dans le fantasme ou le délire. Il rencontre les limites que lui impose le symbolique au travers du mythe (l'histoire, les héros, les légendes).

La réalité est une construction de l'imaginaire. Le pouvoir est la capacité de faire en sorte que notre réalité devienne celle des autres. Une équipe est un ensemble de possibles/impossibles. À l'intersection de la Réalité, de l'Imaginaire et du Symbolique se trouve la recherche de Sens, à la fois résultat, cause et mode opératoire de ce qui fait fonctionner ensemble R, S et I.

Le coach d'équipe utilise cet outil en amenant les équipiers à prendre conscience des écarts de représentation existant entre eux et avec le collectif équipe ou entreprise, notamment sur la description des ensembles Réalité et Imaginaire. Il les conduit à partager la dimension symbolique qui permettra de les réunir autour d'une vision partagée donnant du sens à leur réalité. Par exemple, le coach d'équipe fait réaliser un dessin libre aux équipiers sur trois questions : d'où viens-tu ? où es-tu ? où vas-tu ? La motivation n'est pas rationnelle : elle est issue de l'imaginaire et du symbolique. Le plan d'action qui en résulte est émotionnel et rationnel.

6.2 Les autres outils complémentaires

Les outils suivants, surtout utilisés en relation individuelle, peuvent avoir parfois la faveur de certaines équipes et faciliter leur progression :

– *l'égogramme de l'AT* (Analyse Transactionnelle) (Eric Berne, 1961) ;
– *la PCM* (*Process Communication Management)* (Taïbi Kahler, 1975) ;

– *l'ennéagramme (*Oscar Ichazo, 1975).

Si ces deux familles d'outils célèbres ont vieilli, elles sont encore parfois utilisées en séminaires de formation :

– *les styles de management,* comme le management contingent (Fiedler, 1958, 1967, 1971), normatif (Vroom-Yetton, 1973), situationnel (Blanchard, 1983), et le « *Path-Goal* » (House, 1971) ;
– *les théories des organisations,* comme la TOB (Berne, 1963), la hiérarchique-matricielle (Galbraith, 1968) et la culture-leadership (Schein, 1988, 1992).

7. Les techniques d'animation de groupe

« Je marche pour savoir où je vais. »
Goethe

Il est essentiel que le coach d'équipe soit familier également avec les techniques d'animation de groupe, pour les proposer à l'équipe afin qu'elle choisisse celles qui lui correspondent le mieux.

7.1 Les activités outdoor, ludiques et sportives

Elles ne sont plus à la mode. Leur intérêt persiste néanmoins comme moyen de décentrage, de prise de recul, d'aération mentale et physique, de prise de risques et de renforcement de la cohésion. Elles créent l'occasion de construire une mémoire positive de l'équipe en partageant des moments festifs. Il est préférable de sous-traiter la logistique de ces activités à des sociétés spécialisées, pour des raisons de sécurité et d'efficacité technique. Le coach conserve bien entendu l'organisation pédagogique et les débriefings.

Avec des moyens financiers plus réduits, il est possible d'obtenir des résultats analogues en pratiquant des exercices comme la corde (les yeux bandés et en silence, les équipiers dessinent un carré avec une corde posée au sol), l'accident dans le désert (les équipiers choisissent les objets à emporter par consensus ou autre, ce qui déclenche des conflits de méthode et de priorité), la banquise ou le plateau de la balance (il s'agit de mettre en mouvement le plus de monde possible sur un espace délimité au sol, par exemple par une feuille de *paper board*), le passeur de la femme volage (hiérarchiser les responsabilités lors d'un crime met en évidence les conflits de valeurs) ou le parcours de la confiance (une personne fermant les yeux est guidée en silence par une autre sur un parcours à réaliser le plus rapidement possible).

7.2 Le mégatelier

Il permet de partager des informations et de construire une réflexion collective avec un nombre important de participants (jusqu'à cent) et sur une durée limitée (quelques heures). Les participants sont réunis en permanence dans une même salle et répartis en plusieurs tables de sept à dix personnes. Sous la coordination d'un animateur, ils progressent simultanément et de manière synchrone, alternant les réflexions personnelles, les travaux en groupes et les mises en commun sur les thèmes choisis pour le partage et la réflexion, avec des synthèses régulières, par table et en plénière. Cette pédagogie très fine permet à chacun d'exprimer ses idées au sein de son groupe, quelle que soit sa personnalité. Les participants qui seraient peu actifs sont sollicités par la méthode. En revanche, les participants ayant tendance à phagocyter le groupe sont recentrés.

Il s'agit d'une pédagogie plus efficace que les traditionnels travaux en sous-commissions avec retour en plénière : tous les travaux se déroulent dans une même salle au même rythme, en respectant à la fois la personnalité de chacun et la convivialité des groupes. Elle facilite la prise de conscience des problématiques de l'entreprise, de l'équipe et des participants grâce au nombre de personnes qui s'expriment au même moment sur un même objet.

Le travail en mégatelier doit donc être préparé de manière minutieuse et sur mesure, notamment pour réguler la progression pédagogique, affiner les outils pédagogiques et identifier avec précision les questions clés à approfondir.

7.3 L'animation de réunion

C'est une technique indispensable et commune à tous les intervenants. Elle nécessite de maîtriser à la fois l'expression orale, la conduite de réunions et quelques outils de communication comme la visualisation des résultats atteints, les dessins libres, le métaplan simplifié, etc.

3

LA PRATIQUE DU COACHING D'ÉQUIPE

« Certains naissent grands,
D'autres le deviennent,
D'autres enfin n'ont pas d'autre choix. »
William Shakespeare

Dans ce chapitre, nous nous appuierons sur un exemple de coaching d'équipe pour en illustrer les différentes phases ainsi que les options que peut prendre le coach. Nous avons pris le parti de choisir un coaching d'***équipe de direction*** qui représente le plus important potentiel à l'heure actuelle. Le coaching d'équipe du directoire d'un gros chantier se rapproche de celui que nous allons décrire, mais les projets de moindre ampleur ou les équipes fonctionnelles (« services » ou « départements ») présentent des spécificités que nous analyserons plus avant en fin de chapitre.

Le schéma ci-dessous permet de suivre les différentes options que peut adopter le coach.

1. Le cas

1.1 Situation

La société Y est une entreprise de taille moyenne (2 500 employés) déployée en France, en Espagne, en Italie et au Moyen-Orient. Cette répartition géographique est le résultat d'une association commerciale qui s'est terminée par une fusion à l'occasion d'un important contrat.

Y distribue deux lignes de produits, A et B, au travers de deux réseaux de distribution internationaux, l'un orienté grand public et l'autre auprès de « grands comptes ». L'organisation adoptée est résolument moderne, avec des fonctions verticales (centralisées dans un pays) et une structure matricielle comportant deux unités opérationnelles, une pour les produits, conception et fabrication, et l'autre pour leur distribution.

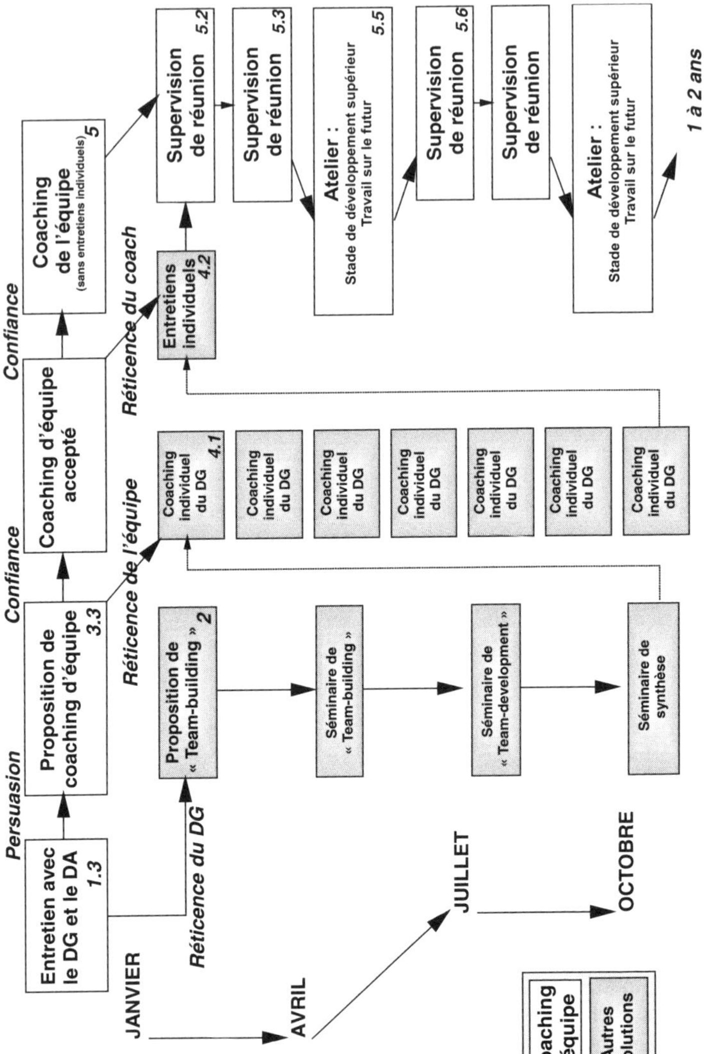

Figure 1 : Les différentes options

Pour fixer les idées, Y est une société spécialisée dans le domaine des arts de la table. Les produits sont conçus et fabriqués par une **direction des produits**. La ligne de produits A assemble tout ce qui est verre, faïence, céramique et porcelaine avec des centres de production en République Tchèque et en Slovénie, tandis que la ligne de produits B est orientée vers les couverts en métal avec un approvisionnement en Allemagne. Ces produits sont distribués par une **direction de la distribution**, transversale, active soit auprès du grand public par le biais des grands magasins, soit auprès de grands comptes qui sont les chaînes internationales d'hôtels ou les centres de loisirs. Les unités géographiques reçoivent leurs objectifs de chacune de ces directions, les diverses cibles étant compatibles entre elles.

La culture de l'entreprise Y est peu orientée vers le risque mais au contraire vers le **contrôle**, voire quelquefois vers un culte du moindre coût. La matière, verre ou métal, est surinvestie au détriment des services qui sont complètement négligés. La croyance que le premier contrat générera un flot d'affaires dans le futur (« *drag along business* ») conduit à conclure des marchés dont la profitabilité est discutable.

Avant tout, le coach doit précisément identifier lesquelles de ses propres valeurs sont en opposition avec celles de l'entreprise dans laquelle il intervient car, pour chacune de ces oppositions, il doit résister à la tentation d'induire ses croyances personnelles au cours du processus.

La culture d'une entreprise peut se traduire par des comportements ambivalents qui peuvent exaspérer le coach, comme :
– les réunions commencent en retard parce que ceux qui sont arrivés à l'heure attendent que l'équipe soit au complet : le coach doit discerner si les retardataires transgressent ou s'ils traduisent quelque chose de la problématique collective ;
– attitude pingre face à l'argent alors que certains investissements seraient hautement profitables : il faut rechercher des raisons historiques à cette attitude ;
– posture trop servile par rapport à la clientèle : là encore, il faut revenir au passé de l'entreprise.

Enfin, comme dans toute relation où des mondes différents se rencontrent, le coach doit s'assurer que le sens qu'il donne aux mots est bien le même que celui donné par l'entreprise.

« Objectif » peut vouloir dire « direction » pour les uns et « résultat à atteindre à tout prix » pour les autres. De même, « agenda » peut être le cadre rigide d'une réunion ou simplement la liste des thèmes qu'il serait souhaitable de traiter. Il y a ainsi de nombreux « faux amis », surtout dans un contexte multiculturel.

Dans la société Y, outre le fait que les résultats financiers s'affaissent sans que les responsables puissent proposer une solution, chacun rejetant la responsabilité sur les autres, le *directeur général* perçoit que son comité de direction fonctionne mal, manque de discipline, de rigueur dans l'exécution et de motivation. Il propose donc de faire appel à un consultant externe pour sortir du marasme. Cette idée est acceptée sans enthousiasme par les membres du CoDir. Il charge le *directeur administratif* de sélectionner trois cabinets.

1.2 Le CoDir

Le comité de direction comprend le *directeur général* (DG dans la suite), le *directeur des produits* en charge des lignes A et B (DP), le *directeur de la distribution* qui supervise les distributeurs et les grands comptes (DD), le *directeur financier* (DF), le *directeur administratif* qui est responsable du *back office*, des infrastructures et des ressources humaines (DA), le *directeur technique* qui dirige les centres de fabrication (DT), le manager du service juridique (MJ), celui du service de communication (MC), et enfin le manager du service des achats (MA). Lors des réunions du comité de direction, les responsables régionaux locaux (France, Espagne, Italie, Égypte) sont invités à participer à une partie des discussions par téléconférence.

• DG : Laurent est un homme de 56 ans qui a fait l'essentiel de sa carrière dans la société Y. Il a beaucoup d'expérience dans son domaine d'activité. Il est attentif à l'avis de ses collaborateurs, ouvert à la discussion. Il a la réputation d'être « exigeant mais juste ». Gros travailleur, il se consacre avec passion au développement de nouveaux marchés mais délaisse la gestion courante, qu'il reporte sur le DA ou le DF selon les cas, ce qui conduit certains à le considérer comme indécis. Il ne s'intéresse que peu au long terme.

• DP : Adrien est un homme de 50 ans, ingénieur de formation, qui excelle dans la partie de sa mission relative à la création de nouveaux produits. En revanche, les problèmes de production et de commercialisation l'ennuient et il les abandonne volontiers au DT et au DD, ce qui fait que son champ de responsabilité est flou. Il est affable, un peu lent, et considéré comme peu efficace.

• DD : Angelina est une Italienne de 45 ans qui dirigeait les opérations dans son pays avant d'être promue au CoDir où elle siège depuis quatre ans. Très volontaire, elle s'empare de toute responsabilité laissée par les autres et certains chuchotent que c'est elle qui détient la direction effective de Y. Elle est en conflit permanent avec le DA sur les problèmes de ressources humaines et avec la DF qui est la seule à lui tenir tête. Elle est volubile, autoritaire, cassante, écoute peu et montre peu de respect pour l'autre.

• DF : Lucie est une femme de 35 ans, brillante, qui a rapidement accédé au poste de directeur financier en raison de sa rigueur et de son professionnalisme. Elle travaille beaucoup, de manière parfois trop perfectionniste. Ses rapports avec Angelina sont difficiles car elle trouve que celle-ci offre facilement des conditions de prix trop basses, voire à perte, pour enlever plus aisément de gros marchés et obtenir l'admiration du DG.

• DA : Luc est un homme de 46 ans récemment embauché. Il est rigoureux, fiable et efficace mais un peu effacé. Il s'oppose souvent à Angelina qui réclame sans cesse de nouvelles ressources et se laisse déborder par l'exubérance de l'Italienne qui en outre ne cache pas son mépris pour les métiers « paperassiers ».

• DT : François est un homme de 40 ans autodidacte qui se révèle être un excellent organisateur. À l'ombre du directeur des produits, il s'exprime peu et s'efforce d'être un bon équipier.

• MJ : Amélie est une femme de 35 ans, enjouée mais rigoureuse. Elle s'exprime peu et s'efforce de faire son travail avec sérieux. Ses véritables intérêts sont ailleurs et elle ne cache pas sa priorité pour sa famille.

• MC : Sarah est une femme de 50 ans, originaire d'Égypte, gaie et chaleureuse. Grande professionnelle dans sa spécialité, ses avis et recommandations ne sont jamais discutés.

• MA : Sophie est une femme de 31 ans, issue d'HEC, et qui poursuit une carrière rapide. Précédemment manager au sein de la direction de la distribution, elle est promise à la succession de l'un des directeurs en raison de ses brillants résultats obtenus avec aisance. La fonction de *manager des achats* lui a été attribuée afin qu'elle soit membre du CoDir. Elle se sait talentueuse et considère qu'il n'est pas nécessaire de se tuer à la tâche pour réussir.

Le Codir partage un secrétariat de trois secrétaires qui gèrent les agendas et le courrier et un « cabinet commun » où deux jeunes embauchés assurent des tâches plus élaborées telles que les tableaux de bord, l'organisation des grands évènements commerciaux, la mise à jour d'une base de données partagées, etc.

1.3 La demande

Le cabinet Impulse[1], spécialisé dans le coaching d'équipe, est contacté. Il est dirigé par trois associés et peut faire appel, selon les besoins, à une quinzaine de coachs indépendants. Son directeur commercial, coach lui-même, décide d'être l'interlocuteur de la société Y. Le premier contact a lieu avec le DG et le DA, qui est immédiatement désigné comme l'interface avec Impulse pour les questions pratiques. Le DG explique longuement le contexte puis exprime la demande suivante, qui fait référence au plaisir : *« Apprenez-nous à travailler ensemble, à travailler en s'amusant, comme il y a dix ans ! »* Puis le DG entraîne le coach dans la salle du CoDir, qui doit commencer peu après, et le présente. Personne ne fait la moindre remarque et Angelina ne lève même pas les yeux de l'écran de son ordinateur portable.

Tout comme en coaching individuel, la demande s'exprime à plusieurs niveaux, manifeste (explicite) et latente (implicite), et passe par plusieurs canaux, le verbal et le non-verbal. Dans le cas d'une équipe, les canaux sont nombreux puisque, outre le leader et le prescripteur, chaque équipier envoie des messages, sans compter ceux de l'équipe elle-même puisque nous avons admis que celle-ci possédait sa voix propre.

En l'occurrence, la demande exprimée par le DG, si elle était prise telle qu'explicitée, correspondrait en fait à un team-buiding (exercice de cohésion d'équipe) et non à un coaching d'équipe (voir 3.2).

Il s'agit là d'un point très important que nous avons déjà évoqué : en raison de la résistance au changement due à l'homéostasie, une équipe, au départ, n'a bien souvent qu'une demande édulcorée, inoffensive, qui manque de hardiesse, vague, voire même inexistante. Si certains membres veulent faire une percée, d'autres incitent à la prudence et leur forcer la main peut conduire à de violents conflits.

Dans le cas du coaching individuel, le désir de changement prend sa source dans le concret : échecs répétés, difficultés dans les relations, ou bien au contraire l'envie irrésistible de réussir plus vite, de faire encore mieux. Il

1. Nom fictif.

est alors assez simple de définir des objectifs pragmatiques, un état désiré, pour lesquels les obstacles sont gommés. Dans ces conditions, la résistance ou l'adhésion au processus est facilement perceptible.

La demande de l'équipe semble plus complexe car l'attribution de responsabilité est diffuse : il est si facile de désigner un « bouc émissaire » qui est la cause de toutes les difficultés, internes et externes. Ceux qui jouent le rôle de frein ont tout pouvoir pour retarder le processus en étant indisponibles, engloutis dans « d'importantes affaires », exagérément critiques envers les intervenants, ou bien au contraire en feignant une adhésion si totale qu'elle devient encombrante.

Le cabinet de coachs est aussi une équipe avec ses faiblesses et la tentation est grande de se cantonner à la demande explicite afin d'éviter le risque de perdre l'affaire. Et, si celle-ci est gagnée, il reste la menace d'avoir à gérer l'opposition, la peur, ou l'appréhension vis-à-vis des intervenants qui peuvent déboucher sur une profonde insatisfaction du client. Le choix est donc difficile : soit répondre à la demande telle que formulée et proposer un team-building voire un team-development, soit convaincre le DG et son équipe d'entreprendre une démarche plus ambitieuse mais plus difficile visant à changer le système pour le rendre plus performant. Nous examinerons successivement les deux termes de cette alternative.

2. TEAM-BUILDING ET TEAM-DEVELOPMENT

Proposer un team-building ou un team-development permet d'espérer que celui-ci déclenchera chez le client la prise de conscience de sa véritable demande.

Le mot *team-building* est passé dans le vocabulaire courant sans véritable équivalent français, car aussi bien la théorie sous-jacente que la pratique recouvrent plusieurs notions dans notre langue. Littéralement il s'agit de « construire l'équipe » mais le plus souvent ce qui est proposé est d'améliorer la cohésion de l'équipe (amélioration des relations, de la place et de l'apport de chacun dans l'équipe), la motivation collective, le fonctionnement (par exemple la communication ou la collaboration), voire de donner une nouvelle dynamique.

Dans la pratique, le team-building consiste à réunir les membres de l'équipe, lors d'un séminaire qui peut durer entre une demi-journée et plusieurs jours, avec pour objectif pratique de renforcer le « Nous » (l'esprit d'équipe) en augmentant le nombre et l'intensité des interactions, en particulier au niveau de la communication et de l'émotion, et en permettant l'émergence de valeurs ou d'un projet. Les méthodes et techniques ont plutôt un caractère ludique et consistent en jeux à thèmes destinés à provoquer une prise de conscience des mécanismes en jeu au sein de l'équipe. Également, un indicateur de personnalité (par exemple le *Myers-Briggs Type Indicator* ou MBTI®, ou le Structogram®), un indicateur de styles sociaux (voir 2.5.1), ou encore un indicateur de style de leadership (*idem*) permettent aux membres de se décrire et de décrire les autres avec un outil peu menaçant. En améliorant l'acceptation mutuelle et en faisant préciser les besoins ou préférences de chacun en termes affectifs, l'échange d'informations, la prise de décisions et le mode d'organisation sont puissamment étayés.

Le team-building peut s'organiser de maintes manières selon les attentes, le type et la taille de l'équipe, les objectifs de l'organisation et la culture, aussi bien celle de l'entreprise que celle des participants.

> Un coach « sauveur » (concept de l'A.T.) aura tendance à éviter d'exposer le manager en titre aux dérapages inhérents à tout exercice efficace. Et pourtant, selon la façon dont est régi le lien hiérarchique dans l'entreprise, le leader pourra plus ou moins être amené à se révéler au cours des exercices. Au cours d'un team-building, le chef de service d'une grande administration aura une position différente de celle d'un jeune patron de *start-up*.

Le point le plus important à retenir est le suivant : contrairement à l'atelier dans le coaching d'équipe, où le coach tient une position basse, *le team-building confère une position haute* à l'intervenant externe qui organise l'évènement avec une intention, celle de démontrer quelque chose au travers d'exercices ludiques. Considéré comme un outil parmi d'autres dans le coaching d'une organisation, c'est-à-dire utilisé conjointement au coaching individuel ou d'équipe et à la formation, le team-building a toutefois une grande utilité car il permet de provoquer une prise de conscience intense. Utilisé isolément, la question qui se pose est : l'effet est-il durable ? L'expérience tend à montrer que non.

Le team-development a pour objet de faire progresser l'équipe dans ses stades de maturité. Le stade de départ est déterminé à l'aide d'un outil (en général un questionnaire) et les exercices sont centrés sur l'efficacité des processus.

Enfin, *la performance collective* peut faire l'objet de séminaires centrés sur les objectifs.

3. Proposer le coaching d'équipe

« Si la destination n'a pas été définie au départ,
il est difficile de dire que l'on est perdu. »
Proverbe chinois

L'autre terme de l'alternative est de revenir vers le DG et son CoDir afin de provoquer une prise de conscience : augmenter la cohésion, le plaisir à travailler ensemble, ne va pas miraculeusement enrayer le déclin de l'entreprise. C'est la croissance profitable qui procurera le plaisir recherché, rattaché autant à la joie du succès qu'aux bonnes relations avec les autres. Retrouver le chemin des bénéfices passe par une rupture, un changement profond, et, pour cela, le dirigeant et son équipe doivent faire preuve d'une volonté sans faille, être prêts à prendre des risques et mener cette bataille avec honnêteté et rigueur.

La proposition du coach exige donc une minutieuse préparation afin de prendre en compte un maximum d'éléments sur l'environnement, le métier de l'entreprise, ses origines, sa culture, les personnalités des quelques personnes qui seront les moteurs du changement et, enfin, l'imaginaire rampant qui donne des indications sur le rêve ou le défi susceptibles de provoquer l'enthousiasme.

Cette proposition doit être exprimée dans le langage de l'entreprise et être non seulement acceptée mais susciter une forte adhésion. Pour cela la posture du coach doit exprimer une légitimité profonde, de la créativité et de l'audace, de la chaleur en restant logique. Avoir vécu soi-même dans des équipes aux plus hauts niveaux de maturité, pouvoir partager cette expérience, apporte de la crédibilité et peut susciter le désir qui surmontera les résistances dues à l'homéostasie.

3.1 Analyse de la situation

Cette analyse consiste à confronter différents éclairages de la situation afin de poser les bases de la proposition et ultérieurement de l'intervention.

3.1.1 Éclairage individuel

Si nous nous intéressons aux *membres*, nous pouvons considérer deux approches :

• La première centrée sur les *rôles* au sein de l'équipe ou sur les styles sociaux :

Le modèle de Meredith Belbin (1981) présuppose qu'une équipe performante a besoin d'une diversité de rôles complémentaires. Il en définit neuf possibles articulés par trois selon les axes corps, tête et cœur :

Corps (faire et concrétiser) :	Organisateur (*implementer*) : discipliné, organisé, efficace. Propulseur (*shaper*) : dynamique, exigeant. Perfectionneur (*completer/finisher*) : travailleur, fiable, anxieux.
Tête (pensée et intuition) :	Concepteur (*plant*) : créatif, imaginatif. Priseur (*monitor/evaluator*) : modéré, stratégique, discernement. Spécialiste (*expert*) : dédié, compétent.
Cœur (affectif et communication) :	Coordinateur (*coordinator*) : mature, confiant, délégatif. Soutien (*team worker*) : sociable, perceptif, sensible. Promoteur (*resource/investigator*) : extraverti, enthousiaste, liant.

Dans ce modèle, l'équipe idéale comprend :
– un leader coordinateur ou propulseur ;
– des concepteurs, priseurs, soutiens, un organisateur, un promoteur et un perfectionneur.

Dans le cas de l'entreprise Y, le DG, Laurent, est plutôt *soutien* et *organisateur* (cœur et corps). C'est la DD, Angelina, qui a un rôle de *propulseur* (corps). François, Luc et Lucie sont essentiellement *organisateurs* et *perfectionneurs* (corps). Le DP, Adrien, est *concepteur* (tête), alors que dans sa fonction il devrait être *propulseur* compte tenu de sa position dans la matrice. Les trois managers présentent plutôt leur côté cœur dans ce CoDir. Doté de forces permettant de s'unir pour faire, concrétiser et communiquer, ce CoDir manque d'un esprit visionnaire, d'un *priseur,* rôle que Sophie, le manager des achats, pourrait prendre à terme.

De manière générale, s'il y a trop de « tête » et de « corps » dans une équipe, des conflits apparaissent entre les innovateurs et les réalisateurs ou bien l'organisation devient une froide machine. S'il y a trop de « tête » et de « cœur », le risque est l'irréalisme ou bien l'improductivité et si, comme dans notre exemple, il y a trop de « corps » et de « cœur », le manque de direction peut conduire à la confusion ou à la dispersion. Ce schéma très simple n'est pas une recette et c'est par une réflexion approfondie sur chaque situation que les conséquences du déséquilibre observé peuvent être évaluées.

• La seconde orientée vers les *personnalités* :

Dans cette seconde perspective, nombre de coachs utilisent à juste titre une classification acceptable par le client, comme le MBTI. Toutefois, il est utile d'avoir quelques connaissances plus approfondies de psychopathologie, en utilisant par exemple le DSM IV, afin d'identifier les personnalités qui peuvent poser problème.

Dans notre exemple, il semble qu'Angelina présente les signes d'une personnalité narcissique selon le DSM IV, ce qui est assez fréquent chez les *propulseurs*. Ce profil a été décrit en détail par Otto Kernberg (1991) qui souligne l'utilisation de mécanismes psychiques tels que le déni, permettant en particulier d'ignorer une argumentation raisonnable de la part d'autrui, ou le clivage, qui sépare le monde en deux catégories distinctes, les admirateurs et les autres qu'il faut soumettre ou briser. L'intervenant doit être conscient que s'il tombe dans la seconde catégorie, son travail sera compromis.

On pourrait aussi penser que le tempérament passionné d'Angelina provient de sa culture dont le mode d'expression, d'après Moral (2004), est plutôt expressif et indirect.

La personnalité narcissique n'est pas la seule difficulté potentielle rencontrée au sein d'une équipe qui peut abriter d'autres profils particuliers, heureusement rares, qu'il importe de savoir identifier et ensuite gérer au cours de l'accompagnement.

> Deux exemples de personnalités difficiles :
> **1. Le rebelle** : il s'agit d'une personne qui se met en conflit ouvert avec l'intervenant externe en le contestant ou en provoquant une discussion. Ce comportement reflète plusieurs motivations telles que le besoin de reconnaissance (personnalités abandonniques), le besoin de pouvoir (personnalités narcissiques), la soif de revanche (personnalités paranoïaques), ou un désir de contrôle

(personnalités obsessionnelles). L'intervenant ne doit pas faire l'erreur de s'opposer à l'opposant mais s'efforcer de mettre du sens sur cette opposition en interrogeant le groupe. C'est un exercice difficile car il faut éviter de blesser le rebelle en mettant en évidence trop directement sa problématique : comme un animal blessé, il peut devenir dangereux.

2. Le pervers : il s'agit d'une personne qui trouve son plaisir dans l'emprise (qui est à distinguer du pouvoir). Pour cela il agit par la manipulation, l'intrusion, la possession, la culpabilisation, en prenant appui sur le groupe qu'il prend à témoin et au sein duquel il recrute des complices. Le « vague » est son arme préférée (« vous pourriez mieux faire... », « je ne comprends rien à ce que vous dites... ») et une des meilleures réponses est donc de se montrer pragmatique (« oui, je comprends, mais que voulez-vous dire ? que puis-je faire mieux ? qu'est-ce que vous ne comprenez pas ? »).

3.1.2 Interactions

Si maintenant nous nous intéressons aux *interactions*, certaines d'entre elles émergent avec netteté sur le bruit de fond.

– Tout d'abord, les relations entre le DG et les principaux directeurs sont exigeantes en apparence mais trop délégatives dans les faits. Le DG n'a pas adopté un style de leadership lisible qui permettrait d'envisager des complémentarités au sein de l'équipe.

– En second lieu, les relations du DD avec les autres membres du CoDir s'apparentent à une prise de contrôle.

3.1.3 Aspects systémiques

Enfin, nous pouvons analyser le fonctionnement du *système*. Plusieurs éléments apparaissent :

– coresponsabilité : la *synergie* au sein du CoDir est faible, chacun laisse l'autre à ses difficultés ;

– co-protection : la résistance au changement est forte et se manifeste par une inertie considérable ;

– co-création : peu de motivation sur la finalité et la survie de l'entreprise alors que la situation est objectivement préoccupante.

3.2 Synthèse de l'analyse

Il ne s'agit pas d'un diagnostic, puisque nous avons vu en 2. § 1 que celui-ci sera fait par l'équipe elle-même, mais d'une synthèse de l'analyse de la situation en vue de bâtir la proposition de coaching d'équipe.

Enjeux : survie de l'entreprise.

Difficultés à résoudre : manque de vision à long terme.

Déficit de leadership :

- pas assez de « tête » dans l'équipe ;
- culture peut-être trop orientée « produits » ;
- existence d'interactions problématiques.

Maturité de l'équipe : maturité d'équipe insuffisante. Même avec une organisation en place, avec des rôles et processus définis, le fonctionnement en tant qu'équipe n'est pas opérationnel, sans même parler d'être efficace.

3.3 Proposition

La proposition faite au CoDir met en avant l'enjeu et, dans les difficultés à résoudre, le manque de vision à long terme. L'évocation des autres éléments risque de braquer l'équipe qui peut se fermer comme une huître et rejeter la proposition. Ce sera précisément l'objet du coaching d'équipe de faire prendre conscience de ces difficultés par le groupe et d'y apporter des solutions. Les questions clefs seront donc :

- Où voulez-vous aller, disons dans dix ans ?
- Comment allez-vous y parvenir, en particulier quelles actions immédiates sont absolument nécessaires ?

4. Réponse à la proposition

« Il ne peut y avoir de réussite individuelle. »
Patricia Russo

Après examen de la proposition, le DG et son CoDir peuvent opter pour l'une des décisions suivantes :

– rejeter toute idée de changement, ce qui peut se manifester par des critiques sur la proposition ou bien une absence de réponse. Un consultant proposant du conseil pourrait être préféré dans ce cas ;
– persister dans une demande de team-building ou de team-development (voir § 2) et éventuellement choisir un autre cabinet, plus « flexible » à ce niveau ;
– exiger de commencer par le coaching du DG en individuel (voir § 4.1) ;
– accepter la proposition de coaching du CoDir. Dans ce cas, deux options sont possibles : commencer par rencontrer individuellement tous les membres de l'équipe (voir § 4.2) ou entamer directement le coaching de l'équipe (voir chap 3 § 4).

Lorsque le coaching d'équipe est choisi, il est explicitement entendu que le DG et son CoDir sont prêts à changer l'organisation, bien sûr, mais aussi la culture de l'entreprise et de ses métiers.

4.1 Coaching individuel du DG

Le bon sens nous dit qu'un escalier se balaye toujours à partir de la marche la plus haute. Quoique le DG représente la puissance potentielle qui peut ensuite se déverser en aval, il n'est pas certain que ce soit en agissant sur lui que l'effet de levier sera maximal. Le talent du coach consiste à déterminer quelle est l'entité qui, lors du coaching, mettra en mouvement l'énorme masse du navire.

N'oublions pas que le coaching d'équipe agit comme un levier : des efforts modérés doivent produire de grands effets et non renforcer les résistances.

Ainsi, si c'est le DG qui est coaché, il peut s'établir la croyance selon laquelle il a désormais tout pouvoir ; son équipe peut alors se réfugier dans une passivité boudeuse et regarder le chef se démener à sa place. Dans le cas général, les éléments de décision, nous semble-t-il, sont les suivants :

• **Style de management du DG** : si ce style n'est pas adapté au type d'organisation, au niveau de maturité de l'équipe, ou à la culture de l'entreprise, il peut s'avérer nécessaire de mettre en évidence les fractures entre le style du DG et son environnement.

La grille de Blanchard (1983) oppose la « directivité » du manager au « support » qu'il apporte à ses subordonnés. Si le DG, comme dans le cas de l'entreprise Y, est « délégatif », peu « directif » et peu « supportif », la culture de l'organisation doit valoriser la responsabilité et l'initiative, et l'équipe de direction doit s'efforcer d'atteindre au plus vite un niveau de maturité élevé. Si le DG est au contraire « vendeur », très « directif » et très « supportif », il peut s'impliquer fortement dans la direction de son équipe, avec le risque que celle-ci devienne beaucoup plus passive que dans le cas précédent.

Cependant, le DG est celui qui fait changer les choses et si un coaching est entrepris, l'esprit n'est pas d'adapter l'homme à son environnement, mais au contraire de lui permettre d'adapter son environnement à son style. De manière générale, le coaching du dirigeant est impératif si celui-ci est un frein pour lui-même ou pour son environnement.

• **Complémentarité des rôles au sein de l'équipe** : en analysant les rôles au sein de l'équipe (voir plus haut Belbin, 1981, ou les styles sociaux) il peut apparaître un déséquilibre tel que l'équipe ne peut fonctionner correctement. Dans ces conditions, le coaching de l'équipe est absolument prioritaire.

Dans le cas de la société Y, le DG a un déficit dans sa dimension « tête » qui n'est pas compensé au sein de l'équipe. Le manager des achats a ce potentiel mais celui-ci ne pourra être déployé que dans le moyen terme.

• **Maturité de l'équipe** : plus ce niveau est bas et plus le coaching d'équipe s'impose en premier.

• **Type d'organisation** : plus l'organisation est hiérarchique et plus le coaching individuel du DG est nécessaire avant toute chose.

La question, et nous devons reconnaître qu'elle n'est pas résolue à ce jour, est de disposer d'un algorithme permettant de combiner ces quatre critères de décision pour décider de l'approche la plus adaptée à un client donné. Certains critères sont en effet en opposition, comme par exemple la maturité de l'équipe et le type d'organisation. La réalité que nous observons est que commencer par le coaching individuel du DG est recommandé par les coachs les plus anciens, dont la clientèle est plutôt issue d'entreprises hiérarchiques implantées profondément sur le territoire national. Les coachs qui se frottent aux sociétés internationales, réellement matricielles ou collaboratives, préfèrent éviter cette étape qu'ils considèrent comme inutile, voire nuisible. La nouvelle donne mondiale, qui rend critique l'adaptabilité et la réactivité, semble définitivement favoriser l'approche directe de l'équipe.

Dans le cas que nous étudions, la décision est difficile puisque le niveau de maturité est bas. À l'inverse, le DG pourrait mieux assumer sa posture délégative en modifiant son organisation et les processus. Mais le risque est fort de voir l'équipe partagée entre la passivité et les querelles de pouvoir. C'est pourquoi le coaching de l'équipe est la solution recommandée.

4.2 Entretiens individuels avec les équipiers

Un autre sujet de discussion dans la communauté des coachs est de savoir s'il faut ou non approcher individuellement les membres de l'équipe avant de lancer le coaching proprement dit.

Les entretiens individuels préliminaires ont essentiellement pour objet d'acquérir de l'information sur les équipiers et leurs interactions telles que décrites par les personnes (et non observées alors que les personnes sont ensemble). Ces sessions permettent en outre de rassurer, expliquer, créer des liens et susciter la confiance dans le proccssus de coaching d'équipe. Enfin, les personnalités difficiles peuvent être cernées.

En revanche, cette approche présente plusieurs inconvénients ou risques qu'il importe de mesurer précisément. Tout d'abord, les informations échangées ne peuvent toutes être facilement partagées car les équipiers en profitent pour livrer quantité de confidences, opinions et aveux, en vue de créer un lien privilégié, voire une complicité secrète, avec le coach. Parfois celui-ci est élevé au rang de gourou avec une attente considérable de la part des équipiers, qui voient là l'opportunité de résoudre des problèmes hors de la sphère professionnelle. Le coach peut aussi se voir attribuer un rôle de messager. S'il délivre le message, en général agressif, il irrite le reste de l'équipe, et, s'il ne le délivre pas il déçoit celui ou celle qui a tenté de l'instrumentaliser.

Si nous nous exprimons en termes de transfert, c'est-à-dire de mouvements affectifs vers le ou les coachs, au lieu d'un investissement intense du groupe et d'un investissement modéré des équipiers le coach se retrouve avec des transferts importants de la part des équipiers et il ne peut plus travailler sur les aspects groupaux. En général, le coaching d'équipe est rendu plus difficile lorsqu'il est précédé d'entretiens individuels.

Il existe toutefois des situations où cette approche est utile. Ainsi, par exemple, en cas de fusion de deux groupes pour en faire un seul, la culture de chaque entité d'origine peut être mieux comprise en faisant une synthèse d'entretiens individuels.

> Les entreprises A et B fusionnent et le nouveau comité de direction est composé pour moitié d'anciens de chacune des sociétés. La construction d'un nouveau système de valeurs passe par un travail de compréhension des cultures. Si les uns ont construit un système de management très directif et les autres ont prôné l'initiative au sein de leurs troupes, la mise en place du nouveau système de management devra tenir compte de ces deux histoires.

Dans le cas que nous étudions, il existe un risque majeur de placer le ou les coachs en situation d'arbitre entre l'appétit de pouvoir du DD, la passivité du DG et du DP, et l'opposition encore modérée du DF qui peut trouver là l'occasion de se transformer en révolte ouverte. Que ces conflits soient mis au jour est souhaitable, mais il faut éviter que le coach se trouve inopinément en charge de les résoudre alors que c'est à l'équipe elle-même de trouver sa solution.

C'est pourquoi la recommandation dans ce cas est de débuter directement par le coaching d'équipe sans entretiens préalables. Bien entendu, d'autres situations peuvent conduire à des décisions différentes.

5. Coaching d'équipe débutant par une rencontre avec l'équipe

In fine, le DG et son CoDir ont décidé de s'orienter vers un véritable coaching d'équipe, c'est-à-dire, nous l'avons vu, un accompagnement en vue de permettre à l'équipe de trouver sa propre réponse aux problématiques rencontrées.

À ce niveau, le contrat doit être établi et signé et le cabinet de coachs doit décider de l'*architecture* de l'intervention, ce que certains auteurs préfèrent qualifier de *stratégie* d'intervention, qui reflète l'absolue nécessité de prévoir l'agencement des rencontres entre les coachs et le client ainsi qu'un système de contrôle et de réflexion permettant de réorienter les actions selon ce qui émerge. Le coaching d'équipe n'est pas du pilotage à vue et à l'intuition, du moins pas trop : le coach doit prévoir une destination, un état souhaité, un chemin pour y parvenir, et un processus pour décider d'une autre route si un obstacle imprévu se fait jour.

Certains coachs préfèrent s'attaquer directement à la *mission*[1] tandis que d'autres s'efforcent avant tout de résoudre les problèmes de fonctionnement. Là encore, la décision dépend de la situation et le jugement doit s'exercer sur la base d'une analyse des principaux facteurs. En l'occurrence, le niveau de maturité de l'équipe étant bas, il est préférable de travailler en premier sur cet aspect.

L'architecture que nous envisageons pour la société Y est donc la suivante :

– compte tenu de la taille de l'entreprise, de la complexité de son organisation et de la composition du CoDir[2], une équipe de deux coachs, un homme et une femme, est nommée responsable de la mission ;

– dans un premier temps, comprendre le fonctionnement du CoDir et le lui faire comprendre. Pour cela superviser des réunions opérationnelles ;

– au cours d'un premier atelier, travailler à favoriser le développement de l'équipe, et entamer une réflexion sur le devenir qui peut se terminer sur la définition d'une *vision* et d'un *but*[3]. Il est prévu deux animateurs, l'un des deux coachs et un nouvel intervenant, la mixité étant maintenue ;

1. La *mission* est définie par rapport au client, interne ou externe, et constitue la réponse à la question « je suis ici pour quoi faire ? » Alors que la mission est une référence que l'on pourrait qualifier « d'absolue » (« ma mission est de réparer des chaussures »), la perception par l'équipe et par ses clients de la mission est qualifiée de *métier* (cordonnier).

2. Ce CoDir comprend en effet une répartition égale d'hommes et de femmes avec des conflits potentiels entre genres. Une équipe mixte permet une meilleure régulation de ces conflits.

3. Rappelons que l'on distingue plusieurs notions quant au désir de devenir de l'équipe : la *vision,* par exemple créer un nouveau style de vie, le *but* qui s'exprime en termes quantitatifs tels que la croissance ou la profitabilité, le *projet*, par exemple développer un nouveau produit ou service, et l'*objectif,* réaliser telle étape pour telle date. La vision se distingue du *rêve* car elle est réalisable et obéit à des règles de construction telles que, par exemple, la cohérence (Collins & Porras, 2002).

– à la suite du premier atelier, reprendre les supervisions de réunion jusqu'à l'atelier suivant consacré à nouveau au futur.

Ces séquences se répéteront jusqu'à ce que l'équipe soit en mesure de définir elle-même son ambition collective et les voies pour la réaliser.

5.1 Le contrat formel

Tout coaching doit donner lieu à un *contrat formel* liant le cabinet, le prescripteur et le client final. Comme dans le coaching individuel, il existe deux autres contrats, l'un explicite mais non formalisé entre le coach et le client, le *contrat relationnel,* que nous verrons plus loin, et l'autre implicite entre les trois acteurs, le *contrat inconscient*. Le client étant une équipe et non plus une personne, il est clair que ces différents engagements réciproques sont pour partie similaires à ceux du coaching individuel (Moral & Angel, 2005), mais prennent en compte la spécificité de la situation groupale.

Pour ce qui concerne le contrat formel, il doit inclure les mêmes rubriques que le contrat individuel, à savoir :

– brève description de la société ;
– références des intervenants ;
– situation rencontrée, historique ;
– prestation proposée : description, durée et fréquence des interventions, lieux des interventions, conditions financières ;
– traitement des exceptions telles que les absences ou reports ;
– conditions de facturation ;
– clauses d'annulation et d'interruption ;
– recours ;
– droits de propriété ;
– code de déontologie du coaching d'équipe.

À noter que la rubrique « objectifs » qui figure habituellement dans les contrats individuels est absente et que le code de déontologie du coaching d'équipe, s'il respecte dans l'esprit les mêmes principes fondamentaux (confidentialité, respect des personnes, respect des organisations, respect des métiers connexes) est toutefois différent puisque le client n'est plus une personne mais un groupe.

5.2 La première supervision de réunion

Le Codir se réunit toutes les lundis entre 8 h 30 et 12 h. Nous décidons que l'équipe de coachs assistera une semaine sur deux à la réunion du CoDir, qui sera prolongée jusqu'à 12 h 30 pour permettre aux coachs de donner leur feedback. Il est précisé au CoDir que les interventions seront formulées principalement sous forme de questions dont les réponses seront ultérieurement étudiées en atelier.

Pour cette première supervision, il est demandé aux membres du CoDir de conduire la réunion « comme d'habitude ».

D'une façon générale, le ou les coachs peuvent adopter plusieurs dispositifs selon leur référence théorique et la situation.

– Lorsqu'il n'y a qu'un seul coach, il peut : soit se mettre à l'extérieur de l'équipe, en position d'observateur du fonctionnement et donc intervenir uniquement sur la métacommunication, soit s'inclure au sein de l'équipe et intervenir aussi bien en *méta* qu'en membre et donc exprimer ses propres ressentis.

> Si la réunion est perturbée par des membres arrivant en retard, le coach en position externe peut *demander* à ceux qui étaient à l'heure ce qu'ils éprouvent. S'il a pris une position interne, il peut poser la même question ou bien *se demander* à voix haute ce qu'il éprouve.

– Lorsqu'il y a deux coachs, les possibilités sont plus riches. Dans une référence systémique, les coachs peuvent se répartir les rôles, l'un plus actif étant en charge du changement 1 tandis que l'autre plus en retrait est le déclencheur du changement 2. Cette approche est héritée des travaux des thérapeutes familiaux. Un autre dispositif consiste à en placer un à l'intérieur de l'équipe et l'autre à l'extérieur afin de pouvoir ensuite confronter les mécanismes transférentiels à l'observation des interactions.

Dans le cas de la société Y, s'agissant de la première supervision d'équipe, les coachs décident de se placer tous deux en position d'observation, c'est-à-dire à l'extérieur du CoDir. Pour cela, ils commencent à introduire la notion de *contrat relationnel* en précisant les règles de confidentialité, applicable pour tous, de suspension du jugement et de confrontation.

Les caractéristiques de fonctionnement du CoDir apparaissent nettement au cours de la réunion : s'il existe bien un ordre du jour, il n'est qu'indicatif des questions à traiter et les tranches de temps ne sont pas respectées en raison de discussions parfois oiseuses et de l'absence d'un « gardien du temps » (également dénommé « cadenceur » ou « horloge » dans la littérature sur l'équipe, voir § 5.3). La méthode privilégiée pour éviter les conflits est la procrastination (report au CoDir de la semaine suivante). L'absence de règles de fonctionnement ne permet pas la *confrontation*, et, par exemple, comme Angelina est plongée en permanence dans la rédaction de son courrier électronique, il faut résumer ce qui vient d'être dit lorsqu'une question touche à son domaine de responsabilité. Plus caractéristique encore est l'apparition du « vous collectif » dans les locutions de certains (par exemple : MJ à l'ensemble du CoDir : « vous n'avez tenu aucun compte des contraintes juridiques dans l'affaire X »). Personne n'ose prendre une position de « métacommunicateur » pour souligner les dysfonctionnements et proposer d'autres options. Enfin, le DG gère la situation avec sérieux et dynamisme mais de façon désordonnée et paternaliste. Au lieu de déléguer la conduite de la réunion à un « facilitateur » (ou « modérateur »), il joue à l'homme-orchestre et ne peut se reposer sur un « pousse-décision » (ou « scribe ») pour conclure une question à l'ordre du jour.

Il apparaît également que si de nombreuses tâches sont distribuées, peu sont effectivement exécutées.

En fin de réunion, l'équipe de coach délivre son feed-back en prenant deux précautions importantes : d'une part éviter de décourager l'équipe en restituant la totalité de ce qui a été observé, et d'autre part se garder d'interpréter ou de donner des conseils. Deux approches sont possibles :

– la première (méthode chaude) consiste à proposer une réflexion sur un ou plusieurs dysfonctionnements. La méthode consiste à rester aussi factuel que possible et à présenter la question sensible « empaquetée » dans une reconnaissance de ce qui a été positif ;

– la seconde (méthode froide) consiste à poser quelques questions précises liées à ce qui s'est passé ou à donner une tâche.

Le choix entre l'une et l'autre approche dépend de la culture de l'entreprise : celles plutôt orientées vers la relation accepteront mieux la « méthode chaude », celles orientées vers la tâche pourront mieux bénéficier de la « méthode froide ». La répartition des rôles entre les coachs relève de la même logique consistant à mettre en avant celui ou celle dont le profil, tête ou cœur par exemple, correspond le mieux à l'attente du groupe.

> **Méthode chaude** : « Nous avons vu fonctionner votre équipe dans l'enthousiasme et l'engagement de chacun est patent. Il règne ici quelque chose de chaleureux qui est très porteur. Toutefois nous avons noté, par exemple lors du débat sur la question des frais de déplacement, que le choc des convictions peut conduire à de longs échanges et à un blocage du processus de décision. Nous vous invitons à réfléchir ensemble à une approche qui aurait permis de déboucher sur un plan d'action. »
> **Méthode froide** (adoptée) : « Il est apparu que, par exemple, la question des frais de déplacement n'a pas débouché sur une décision, bien que la discussion ait exploré tous les aspects de ce problème. Nous vous invitons à repenser à ce qui s'est passé afin de comprendre les raisons du report de cette décision. Nous proposons qu'un rapporteur soit désigné pour résumer vos conclusions lors de notre prochaine rencontre. »

Le feed-back donné par les coachs provoque souvent une réaction car chacun a une irrésistible envie de se dégager de ce qu'il croit être sa responsabilité. Il est alors important de souligner le caractère collectif des mécanismes observés en utilisant, par exemple, une analogie sportive. C'est l'occasion de rappeler les règles du *contrat relationnel* et d'en introduire de nouvelles : la suppression du « on » et du « vous » au profit du « je » et du « nous », l'écoute active avec reformulation si nécessaire, etc.

5.3 La deuxième réunion supervisée

Cette deuxième réunion commence par la présentation des conclusions du rapporteur quant à l'analyse des raisons de la procrastination. Cette intervention, prévue pour quinze minutes, va en fait durer deux heures tant la discussion est vive.

L'idée d'organiser la réunion autrement émerge mais les solutions proposées par les équipiers relèvent d'une conception directive (par exemple imposer le respect des temps de parole) et non d'une responsabilité collective (par exemple n'intervenir que pour une contribution directe au sujet traité).

Idéalement, la prise de conscience de la nécessité d'une délégation des rôles par le leader, telle que la décrit Alain Cardon (2003, pp. 184-200) doit être issue de l'équipe. Le leader a en effet trop souvent tendance à assumer toutes les fonctions : décideur, « gardien du temps », facilitateur de la réunion, métacommunicateur, etc. La seule fonction que les leaders délèguent volontiers est celle de « secrétaire », c'est-à-dire la tâche d'enregistrement des décisions, considérée, à tort, comme secondaire.

Expliquer la délégation des rôles relèverait du conseil, c'est pourquoi l'introduction de cette idée est particulièrement délicate. Plusieurs options sont possibles :

– le coach s'offre comme modèle en adoptant un comportement, par exemple celui de « gardien du temps », puis délègue celui-ci à l'équipe (Cardon, 2003). L'inconvénient de cette approche est qu'elle demande beaucoup de temps ;
– quelques règles du contrat relationnel ayant été données, il est fréquent qu'elles soient transgressées et le coach peut donc utiliser la **confrontation** pour provoquer une réflexion au sein de l'équipe. Il peut aussi proposer d'introduire de nouvelles règles ;
– la **question** reste le moyen le plus efficace pour susciter une réflexion féconde au sein d'une équipe.

Exemple : sur un point de détail, le CoDir commence une discussion vive où chacun intervient en coupant la parole aux autres et en donnant une opinion hors de son domaine de responsabilité. Le coach a l'occasion d'intervenir dans un rôle de métacommunicateur et dispose des trois options évoquées ci-dessus :
– « Je me demande comment vous pourriez procéder autrement pour avancer dans cette discussion. De ma position je peux voir ce qui se passe et vous alerter. Peut-être que l'un d'entre vous pourrait adopter cette position à ma place. »
– « Les règles de fonctionnement que vous avez acceptées prévoient que chacun écoute ce que l'autre propose avant de contre-argumenter. Ce n'est pas ce que j'observe. Comment cela se fait-il ? »
– « Comment pourriez-vous faire pour que cette discussion débouche sur une décision avant 11 h 30 ? »

5.4 Préliminaire au premier atelier

Le premier atelier est pour l'équipe le nœud de toutes ses peurs et doit donc être préparé avec le plus grand soin. Que veut ce CoDir en fin de compte, si l'on s'abstrait un instant de tout le vocabulaire des consultants et coachs (c'est-à-dire des mots comme « résistances, vecteurs clés, facteurs critiques, freins, opportunités, plan d'action… ») ? La réponse est très simple : le CoDir veut savoir **quoi faire**, non pas dans cinq ans ni dans un an, mais maintenant. Pour cela, il doit savoir **quoi décider** et donc comprendre **ce qui se passe** et surtout **où il peut aller**.

La question essentielle, finale pourrait-on dire et valable pour toute équipe ayant un pouvoir de décision, est de savoir comment aborder le futur.

Il y a trois voies d'accès vers le futur qui, rappelons-le, n'est qu'un concept, très motivant certes, mais qui ne deviendra réel que « plus tard » : le *passé*, le *futur* lui-même et le *présent*. Pour chacune de ces voies d'accès, il y a deux façons de voir les choses : une perspective *statique* et une perspective *dynamique*. Cela fait six combinaisons, et tout l'art du coach d'équipe est de trouver celle qui correspond le mieux à son client, c'est-à-dire qui provoquera le plus facilement une prise de conscience.

Reprenons chacune des voies d'accès.

– **La première est le passé**. Dans une perspective statique, un état passé est le modèle du futur recherché. Ainsi, par exemple, retrouver la splendeur passée peut constituer le moteur des décisions actuelles. Dans une perspective dynamique, la continuation de tendances très anciennes est la clef qui ouvre les portes des nouveaux projets. Par exemple, bien que la technologie évolue la voiture reste un objet relativement stable qui dépend beaucoup des infrastructures routières. Les outils et techniques utilisés en partant du passé portent souvent le nom de prévisions (*forecast*).

– **La deuxième est le futur**. Dans une perspective statique, un but précis ou un objectif représente la cible à partir de laquelle le plan stratégique est développé (*future-backward process*). Dans une perspective dynamique, une vision prophétique, constituant un acte de foi exempt de rationalité, permet de lancer les troupes en avant.

– Enfin, **la dernière est le présent**. La perspective statique s'appuie sur une sorte de photographie du présent que la méthodologie SWOT (voir § 5.5) permet d'analyser finement. La perspective dynamique part non seulement des éléments présents mais également de leur évolution immédiate (les mathématiciens parleraient de « dérivée »). Dans cette logique, le spectre des futurs possibles est plus ouvert que dans les deux logiques précédentes. Les outils et techniques évoqués sont l'anticipation

(Gabillier, 1999, 2006) ou les processus exploratoires (*future-forward process*).

À chacune de ces six logiques correspondent des outils de coaching qui permettent à l'équipe de se projeter plus ou moins loin dans l'avenir. Le terme, un à dix ans, et la logique choisie dépendent du style managérial du CoDir (voir 5.5).

5.5 Le premier atelier

Le premier atelier s'ouvre par l'analyse du fonctionnement de l'équipe et doit déboucher sur une vision et un but. Il est organisé en plusieurs étapes.

• La première, au début de l'atelier, consiste à compléter les règles de fonctionnement, à les récapituler, et à demander à chacun de les accepter formellement, ce qui scelle le *contrat relationnel*. L'ensemble de règles ainsi obtenu varie selon la référence conceptuelle mais couvre toujours deux domaines :

– le respect des autres, ou discipline, qui couvre : confidentialité, ponctualité, présence active, respect de la parole, et contribution au débat ;

– l'ouverture, ou savoir être : suspension du jugement, remise en cause des certitudes, prise de risque, expression sincère, et plaisir.

Outre le confort qu'il apporte, le contrat relationnel est une métaphore de lois d'un niveau supérieur. En ce sens, il protège et offre donc un espace de liberté créatrice aux participants. En outre, les transgressions permettent d'analyser et comprendre ce qui se passe. L'absence d'un tel cadre explicite n'est pas un bon signe quant à la qualité des intervenants.

Les règles peuvent être notées sur le « carnet de route ». Celui-ci est un support (cahier de belle qualité par exemple) sur lequel les équipiers noteront après chaque étape ce qui les a frappés le plus, leurs décisions personnelles et d'autres éléments suggérés par l'animateur.

• La deuxième étape a pour objectif de mettre en évidence le fonctionnement actuel de l'équipe et de faire prendre conscience aux membres que l'efficacité de celle-ci dépend de son niveau de maturité. Nous avons vu que différents systèmes existent et, en l'occurrence, nous avons choisi celui de Devillard (2003, pp. 83-87). Le processus consiste à demander à chacun de pointer, élément par élément, le stade où il pense être. Le coach compile ensuite l'ensemble des résultats individuels et communique la synthèse au groupe, point par point.

> Dans le cas de la société Y, les résultats sont les suivants :
> – au niveau des équipiers, si l'engagement et l'identification sont au niveau 3, le fonctionnement (écoute, coopération, etc.) est clairement au niveau 1 ;
> – la cohésion du groupe oscille entre le niveau 2 pour le type de cohésion et les pratiques cohésives mais reste au niveau 1 pour les liens entre équipiers ;
> – l'unité d'action est faible (niveau 1) sauf pour la focalisation sur l'objectif ;
> – le management est également évalué entre le niveau 1 (attitudes de management et coresponsabilité) et le niveau 2 (polarités et pouvoir) ;
> – le rapport au contexte est considéré de niveau 3.
> Le Codir est stupéfait, cependant l'analyse des résultats indique clairement les domaines où l'équipe est plus faible. La discussion qui suit prend plusieurs heures, car le DG, piqué au vif, entreprend de définir avec son équipe des actions concrètes relatives à un fonctionnement plus coopératif.

• La troisième étape vise à faire parler le CoDir de l'entreprise, et un bon outil pour cela est le SWOT (pour : *Strenght, Weaknesses, Opportunities, Threats*), qui est apparu dans les années 60 à l'Université de Harward mais n'a donné lieu à des publications qu'une décennie plus tard (Bradford, 2000). Il consiste à répondre successivement aux questions suivantes :

1. Où en sommes-nous ?

– Quelles sont nos forces, ce que nous avons réussi, ce que nous maîtrisons, ce dont nous sommes fiers, ce qui nous distingue de nos concurrents ?

– Quels sont nos faiblesses, nos échecs, nos dysfonctionnements, nos champs d'amélioration ?

2. Où voulons-nous aller ? Quelle est notre vision ?

– Quelles sont les forces positives dans notre environnement interne, les ouvertures dans l'environnement externe, les opportunités que nous pourrions saisir ?

– Quels sont les menaces, les obstacles, les dangers de l'environnement, les concurrents que nous devons affronter, leurs stratégies, les changements du monde qui constituent des risques ?

Cette réflexion doit normalement déboucher sur des recommandations et des questions. Le CoDir de la société Y identifie que la solidité du réseau commercial est le principal atout et que la plus inquiétante faiblesse est le poids de certains coûts, en particulier ceux de la production. Au niveau de la vision, les marchés encore inexplorés constituent une opportunité majeure tandis que l'entrée des pays à faible coût de main-d'œuvre est le danger le plus inquiétant. Cette analyse est assez banale dans le secteur manufacturier et ne permet pas de débrider l'imagination des membres du CoDir. Une réflexion par groupes sur le « SWOT inversé » permet de réveiller un peu l'équipe.

Le « SWOT inversé » est une démarche où les questions posées sont les suivantes :
– « quelles circonstances ou quel contexte peuvent transformer les forces en menaces ? »
– « quelles circonstances ou quel contexte peuvent transformer les faiblesses en ouvertures ? »

La discussion amène assez naturellement le CoDir à se poser enfin la question du « scénario du déclin », c'est-à-dire ce qui se passerait si la société continuait à fonctionner de la même façon. La prise de conscience est assez brutale et la directrice financière, un peu agacée, rappelle qu'elle a bien souvent présenté des tableaux décrivant l'irrémédiable plongée dans le rouge. « Oui mais c'était en fin de réunion, juste avant le repas », ironise le directeur des produits dont la remarque ne fait rire personne. Cette partie de l'atelier est délicate à animer car le groupe se ligue peu à peu contre la directrice de la distribution dont les comportements sont percés à jour.

• La quatrième étape a pour objectif de déconnecter l'équipe du présent pour qu'elle puisse l'évoquer autrement qu'au travers de l'environnement ou en termes d'opportunités et de menaces. Ce qui est proposé est de fantasmer l'avenir (avec des équipes plutôt « cerveau droit ») ou de se le représenter (avec les équipes plutôt « cerveau gauche »). Il existe de nombreux outils que l'on peut utiliser directement ou après un SWOT et dont l'horizon est plus ou moins éloigné.

Les balises du futur (balises prospectives) : cet outil mis au point par Philippe Gabillier (1999, 2006) permet d'aider un CoDir plutôt « cerveau droit » à partager une vision sur l'avenir de l'entreprise. Dans un premier temps, un horizon est défini, cinq ou dix ans selon l'activité. Puis six questions sont posées successivement. Les équipiers répondent individuellement à une question et une synthèse est faite avant que la question suivante soit posée :
– Qu'est-ce qui n'a pas changé pour l'entreprise dans cinq ans ?

– Qu'est-ce qui a inévitablement changé dans cinq ans ?
– Qu'est-ce qui ne saurait être dans cinq ans ?
– Qu'est-ce qui a commencé à changer maintenant ?
– Sur les cinq années à venir, où se situent les principales incertitudes ?
– Où se situent vos zones de liberté, de décision et d'action ?

La première question révèle en fait les facteurs prévalents de l'homéostasie, tandis que la seconde entraîne une réflexion sur la nature du devenir : soumission ou contrôle. Chaque question a ainsi un sens caché et nous ne saurions trop recommander de consulter les ouvrages de l'auteur.

Si l'on recherche un outil plus adapté à une équipe très pragmatique et analytique (non plus seulement « cerveau gauche », mais « cortical gauche »), il en existe de moins complexes et accompagnés de grilles d'analyse quantitatives.

La boussole du devenir (boussole d'anticipation) : également mis au point par Philippe Gabillier (1999, 2006), cet outil permet d'explorer les anticipations sur un évènement à venir dans le court terme, par exemple une fusion. Fondé sur l'étude des temporalités sociales (Mercure, 1995 ; Cazes, 1986), il part de l'hypothèse qu'une personne ou un groupe se projette dans le futur selon quatre polarités :

– progression ↔ régression ;
– continuité ↔ discontinuité ;
– confiance ↔ vigilance ;
– soumission ↔ maîtrise.

La mise en œuvre de ces outils est délicate et demande une formation approfondie[1]. Le principal risque est que l'équipe ne puisse s'extraire du rêve et se cantonne à des décisions sans suite. Il faut donc insister pour que soient également mis en place des indicateurs de résultats simples et acceptés par le groupe.

5.6 Le cycle suivant

Le premier atelier terminé, un nouveau cycle reprend avec la supervision de deux CoDir et un nouvel atelier. Sans entrer dans le détail, les supervisions de réunion ont pour objectif de :

1. Assurée par exemple par International Mozaïk.

– fixer les acquis du cycle précédent en mettant en lumière les avancées en termes de fonctionnement ;
– mettre au jour de nouvelles questions qui permettront de progresser dans les niveaux de maturité de l'équipe ;
– interpeller la réponse donnée à l'interrogation fondamentale « quoi faire ? »

Le second cycle peut donc se construire autour de deux axes, l'un poursuivant le travail sur les stades de développement en cherchant à atteindre celui de *l'intelligence collective* (Devillard, 2003, p. 80), l'autre approfondissant la question des actions à engager, donc celle de la construction de l'avenir en arbitrant entre l'essentiel et le secondaire.

> Un outil intéressant pour ce second objectif de l'atelier est la *méthode des scénarios,* qui est abondamment documentée dans la littérature américaine (par exemple Lindgren, 2003). Elle consiste à aborder dans l'ordre les questions suivantes :
> – Quel est l'horizon étudié (deux à cinq ans) ?
> – Quelle est la principale préoccupation dans cet horizon, et donc la décision la plus critique ?
> – Quels sont tous les facteurs pouvant agir sur cette décision ?
> – Choisir parmi les facteurs les deux plus critiques (on définira les plus critiques comme étant ceux qui ont à la fois un impact fort et le plus haut niveau d'incertitude).
> – Pour chacun de ces facteurs, quelle est leur expression la plus favorable et leur expression la plus défavorable ?
> À ce niveau, il apparaît quatre scénarios (favorable-favorable, favorable-défavorable, etc.). L'exercice consiste à décrire les quatre en détail. En général, l'analyse du scénario défavorable-défavorable crée un état de vigilance dans l'équipe et fait émerger une foule de nouvelles idées pour faire face au pire. Ces idées sont toujours créatives et peuvent être exploitées dans les scénarios moins dramatiques.

Le CoDir de la société Y choisit la question suivante comme principale préoccupation sur un horizon de cinq ans : « comment traverser l'effondrement des coûts de production, et donc des prix de vente, provoqué par l'irruption des pays émergents ? » Les deux facteurs critiques sélectionnés sont l'attitude des grands réseaux de distribution et la fidélité des grands comptes. La discussion permet de dégager plusieurs plans d'action permettant d'assurer un meilleur contrôle sur ces facteurs. Bien entendu, le processus peut être recommencé avec une autre préoccupation majeure et devenir une discipline de réflexion.

6. Conclusion

L'exemple étudié correspond à une équipe qui possède un fort pouvoir de décision et la question est de savoir quelles sont les différences lorsque le leader n'a pas la possibilité de décider de ses ressources, de ses objectifs ou de ses actions à long terme, ce qui est le cas des projets de faible ampleur ou des équipes fonctionnelles telles que les « services » ou « départements ».

Il est clair que dans ces situations, la demande est limitée et concerne :

– le travail sur le fonctionnement et donc sur le stade de maturité de l'équipe ;
– les voies vers la réussite, c'est-à-dire l'atteinte de l'objectif.

Par ailleurs, le prescripteur n'étant pas le leader, son exigence est beaucoup plus grande et il est beaucoup plus difficile de le convaincre de mener un coaching d'équipe plutôt qu'un team-building.

Cependant, si les critères de décision du coach sont différents, la méthodologie est exactement la même :

– team-building ou coaching d'équipe ?
– coaching préalable du manager ?
– entretiens individuels avec les équipiers ?
– comment architecturer le processus ?

4

LES COMPÉTENCES ET LA FORMATION DU COACH D'ÉQUIPE

> « S'il est sincère avec lui-même, l'homme ne peut se penser que comme un être limité, marqué par une finitude qu'il ne peut pas dépasser. »
>
> Michel Meslin

Les chapitres précédents nous ont montré que la pratique du coaching d'équipe nécessite de maîtriser deux types de compétences : celles du coaching et celles de la dynamique de l'équipe. Or ces compétences sont rarement réunies de façon innée chez une même personne, ce qui implique une formation spécifique qui ne soit pas seulement une adjonction « coaching » au spécialiste de la relation avec l'équipe, ou une simple spécialisation « équipe » de la formation du coach individuel.

Le coach d'équipe peut être issu de deux origines :

– soit un coach déjà formé au coaching individuel, car les compétences de base sont les mêmes. De plus, certaines situations bilatérales dans l'équipe peuvent parfois nécessiter une action de coaching individuel. Il lui appartient alors d'apprivoiser la dimension équipe en pratiquant sur le terrain avec un coach d'équipe senior ;
– soit un animateur, un formateur de grands groupes ou, mieux encore, un manager d'équipes importantes ayant l'expérience du terrain, déjà compétent pour transformer un groupe en une équipe performante. Il lui est alors nécessaire de suivre un cursus d'entraînement pour devenir coach.

La formation au coaching d'équipe est donc essentiellement pratique et s'étend sur une durée assez longue. Le coach d'équipe doit aussi avoir réalisé un travail sur lui-même dans un lieu thérapeutique, être supervisé et avoir acquis un degré minimum de sensibilité aux processus humains. Admettons dès à présent que certains intervenants ne seront jamais coachs d'équipe. C'est à la fois une question de goût personnel et de talents. En général, nous aimons bien faire ce que nous réussissons. C'est aussi souvent une question de maîtrise de sa peur. Car le coaching d'équipe conduit à la rencontre de deux peurs, donc de deux désirs :

– *la peur de la proximité humaine* limite la capacité d'empathie, d'écoute et d'acceptation des émotions, les siennes et celles de l'autre. Un intervenant confronté à cette peur est plus efficace en position haute face à un grand groupe, en tant qu'animateur ou formateur dans des domaines techniques. En coaching d'équipe, cette personne peut faire illusion tant qu'elle ne doit pas faire face à l'émotion d'un équipier qui se libère par des larmes ou à un conflit de valeurs dans l'équipe remettant en cause le sens de l'action collective ;

– *la peur de la foule* limite la capacité de synchronisation, de communication de l'enthousiasme et d'animation opérationnelle. Un intervenant confronté à cette peur préfère les petits groupes et s'oriente naturellement vers le coaching individuel ou la formation personnalisée. La peur de la foule conduit le coach à privilégier la relation avec chaque personne aux dépens de la relation avec l'équipe. Le coach d'équipe ne doit donc pas avoir peur de l'équipe, même s'il est préférable d'envisager celle-ci avec précaution, notamment en apprenant à entrer dans une équipe et à en sortir. Le coach d'équipe est libre et efficace quand il sait réussir ces deux actions.

> Le coach d'équipe de direction est souvent confronté à la fascination du pouvoir, davantage encore que le coach de dirigeant. Il doit donc être assez lucide, c'est-à-dire avoir suffisamment travaillé sur lui-même, pour résister à la tentation de l'envie ou de la manipulation.

La formation des formateurs de coachs d'équipe ainsi que leur supervision font aussi appel à des techniques pointues, dont certaines restent encore à créer. L'objectif est d'entraîner les participants à être à l'aise avec l'équipe, à concilier des polarités opposées et complémentaires, de manière à pratiquer la méthode la plus congruente, éthique et efficace possible : les formateurs et les coachs d'équipe doivent incarner eux-mêmes ce qu'ils souhaitent transmettre au groupe !

1. Les compétences de base du coach d'équipe

« Ce ne sont ni les chiffres ni les courbes
qui font bouger les choses mais les émotions. »
Michel Serres

Une compétence est une connaissance approfondie et reconnue qui permet de penser et d'agir dans un domaine. Celui du coach d'équipe est vaste. Afin de compléter notre approche du coaching d'équipe sous un autre angle et de faciliter le travail de synthèse du lecteur, nous ne distinguons pas les compétences propres au coaching de celles spécifiques à la dynamique de l'équipe, cette distinction étant déjà largement explicitée dans les autres chapitres.

Pour présenter en synthèse les compétences de base à développer par le coach d'équipe, nous avons choisi la métaphore du corps humain[1] :

– *la tête* – reliée symboliquement au spirituel, à l'inspiration, au ciel et à l'esprit –contient la pensée analytique et intuitive ;
– *le cœur* – relié aux autres personnes et au sensible –, comporte l'intelligence émotionnelle et la capacité d'aimer et de communiquer ;
– *le corps* – relié à la terre et au solide – concernep les capacités d'agir et de réussir à atteindre des résultats concrets.

1.1 Les compétences de la tête

Elles correspondent symboliquement au cortex cérébral :

– le lobe gauche rassemble les compétences rationnelles et analytiques, les capacités d'analyse logique et linéaire, l'intelligence conceptuelle et l'intérêt pour le détail, celles de l'expert et du spécialiste, fondées sur le développement des cinq sens ;
– le lobe droit concerne les capacités intuitives et analogiques, l'intérêt pour le global, la vision et le discernement, fondées sur le sixième sens et les perceptions extrasensorielles.

1. Voir en bibliographie les ouvrages d'Annick de Souzenelle, Ned Herrmann, Mac Luhan et Meredith Belbin.

À chaque étape de son intervention, le coach d'équipe doit percevoir la situation en faisant communiquer ses deux hémisphères, en utilisant ses capacités rationnelles et intuitives, en étant capable de décider ce qu'il va faire et de choisir une option pertinente.

Le coach est le spécialiste de l'inconnu puisqu'il ne sait pas à l'avance ce que sera le contenu de la séance avec l'équipe. Il ignore également souvent l'essentiel des objets traités par l'équipe : son marché, ses produits, son histoire, ses objectifs, etc. Le coach d'équipe doit passer du connu rassurant – souvent lié à son expérience et à la maîtrise technique des outils – à l'inconnu inquiétant propre à l'équipe. Pour accompagner celle-ci vers cet inconnu, le coach doit donc ne rien désirer pour les autres, abandonner ses propres références, accepter ce qui se passe, se détacher et attendre le moment de la prise de conscience, la sienne et celle de l'équipe. D'autre part, l'humilité intellectuelle et le lâcher prise permettent au coach d'équipe d'accepter de ne pas comprendre pourquoi le coaching a réussi. En effet, s'il est relativement simple de connaître les causes d'un échec, celles du succès sont plus délicates à appréhender.

Le coach d'équipe doit aussi avoir travaillé suffisamment son imaginaire et sa créativité afin d'être capable de proposer des exercices métaphoriques comme les contes et les dessins par associations libres ou des analogies permettant de saisir l'essence des mécanismes groupaux. Ces exercices permettent à l'équipe de se décentrer, d'explorer des solutions nouvelles et de diminuer les résistances au changement. Ils facilitent la vision stratégique et la capacité d'innovation.

Certaines équipes ont besoin d'être accompagnées dans leur recherche de sens, afin de rencontrer leur dimension spirituelle et ce qui les dépasse. Coacher une équipe, c'est aussi oser lui proposer cette ouverture spirituelle, dans le respect de ses valeurs. Quelles que soient ses croyances personnelles, il nous paraît essentiel que le coach d'équipe ait déjà mené ses propres explorations dans ce domaine et soit à l'aise, afin d'assurer le confort et la sécurité de ses clients (voir § 5).

1.2 Les compétences du cœur

Elles correspondent symboliquement aux fonctions limbiques et s'appliquent à :

– la compétence émotionnelle et affective, la capacité à ressentir et à entrer en relation avec une autre personne, l'empathie, la présence, l'humilité, le parler vrai, la transparence…
– la capacité à communiquer – étymologiquement, « la petite communion » –, à transmettre ses convictions et à convaincre.

L'intelligence émotionnelle du coach lui permet notamment d'entrer et de sortir d'un rôle sans s'identifier au personnage joué. Par exemple, il peut être nécessaire au coach de s'opposer fortement au groupe afin d'en renforcer la cohésion. À la fin du « jeu », il est préférable d'être capable de débriefer ce que l'équipe vient de vivre en contrôlant bien l'interaction entre les émotions du coach et celles des équipiers. Le facteur émotionnel est essentiel dans la prise de décision. L'émotion précède l'action.

Même si le collectif a des logiques d'organisation qui dépassent les logiques individuelles, le coach d'équipe doit percevoir et utiliser l'intelligence des acteurs et leurs modes de fonctionnement afin de faire progresser la conscience et la responsabilité de l'équipe.

Pour entraîner les futurs coachs d'équipe à la maîtrise des émotions, nous leur demandons de considérer l'espace-temps de leur formation comme un laboratoire relationnel. Ils peuvent alors se mettre en position de métacommunication et observer ce qui se passe entre les participants : la relation entre deux personnes, son évolution, sa propre relation à l'Autre, les émotions générées chez soi et chez l'Autre, décoder les jeux psychologiques en action dans un groupe, discerner ce qui se joue et se noue autour de soi et en soi, chercher à comprendre ce qui se passe derrière les apparences. Voici quelques consignes données :
– Quand quelqu'un nous parle : être attentif à ce qui lui appartient et aux causes de l'émotion excessive générée chez soi.
– Quand un jeu est en cours entre deux personnes, au lieu d'y entrer soi-même comme d'habitude : observer ce qui se passe, comprendre la difficulté de chacun à en sortir, les effets néfastes d'un tiers qui s'en mêle, ce que chacun apprend sur soi à cette occasion.
– Quand le groupe trouve un bouc émissaire ou un héros, quand des clans se forment pour ou contre telle personne ou situation : contribuer positivement à éclairer le groupe, lui proposer quelques grilles de lecture adaptées, s'impliquer sans s'identifier.
– Développer son attitude de coach d'équipe et appliquer les outils du coaching pour accompagner chacun à trouver ses propres solutions.

1.3 Les compétences du corps

Elles sont reliées aux fonctions vitales reptiliennes ou thalamiques. Elles permettent :

– d'agir et de faire, avec force et stabilité ;
– de concrétiser les désirs, d'obtenir des résultats concrets et de rentabiliser l'action.

En termes sportifs, le coach d'équipe doit disposer à la fois de capacités d'endurance – pour résister à l'envie d'intervenir quand l'équipe ne progresse pas à la vitesse souhaitée ou pour trouver le rythme adapté à chaque phase de sa vie commune avec l'équipe pendant plusieurs mois – et de capacités de sprint – pour surprendre l'équipe par une déstabilisation, un décentrage ou un feed back pertinent et percutant.

Le coach d'équipe suit donc un entraînement physique et surveille son hygiène de vie, même s'il n'utilise pas d'activités outdoor et sportives. La capacité de récupération est notamment essentielle à développer pour tenir la distance, rester vigilant pendant les nombreuses heures de coaching d'équipe ou entrer dans une nouvelle équipe au maximum de ses capacités physiques, émotionnelles et psychiques. Cette compétence lui est également utile pour accompagner l'équipe dans le management de sa propre énergie (Goudsmet, 2002).

Ces trois types de compétences sont à rapprocher de la capacité à utiliser les outils présentés au chapitre 2. Elles sont nécessaires au coach d'équipe afin de construire sa légitimité, d'être conscient de sa valeur ajoutée pour l'équipe qu'il accompagne, et ainsi d'éviter le syndrome de l'imposteur : être rémunéré sans contrepartie suffisante.

Par exemple, le coach d'équipe peut également utiliser cette métaphore – tête, cœur, corps – pour représenter le fonctionnement du groupe selon ces trois dimensions équivalentes :
– **l'esprit** pour l'équipe correspond aux objets situés dans le futur tels que objectifs, cibles, visions, finalités et enjeux, ainsi que tout le travail pour les faire émerger. Ce sont les directions dont l'horizon ultime est le rêve ;
– **le cœur** pour l'équipe représente les régulations affectives qui concernent l'amour et la haine, l'attitude par rapport au pouvoir, et l'identification ou l'abandon à un idéal groupal. Ces régulations reflètent aussi bien les aspects positifs du

sentiment d'appartenance ou d'enthousiasme quant au projet que les côtés plus obscurs tels que les conflits ou la « dépression groupale » ;
– **le corps** pour l'équipe se traduit en principes d'action tels que les contenus et processus, qui sont aussi qualifiés de fonctionnement logique ou pragmatique par d'autres auteurs. Les contenus assemblent ce qui est relatif aux métiers, aux savoirs partagés, aux valeurs explicites, et aux règles, tandis que les processus décrivent la circulation de l'information, la prise de décision et l'application des procédures.

2. La déontologie et l'éthique du coach d'équipe

« Le problème éthique central, pour chaque individu,
est celui de sa propre barbarie intérieure. »
Edgar Morin

La déontologie est l'ensemble des règles et des devoirs professionnels. C'est aussi la manière morale de pratiquer un métier. L'éthique (Edgar Morin, 2004) est l'ensemble des conceptions morales de quelqu'un, composé de normes de conduite acceptables. Pour nous, la déontologie et l'éthique sont à inclure dans les compétences du coach d'équipe. En effet, devant les difficultés rencontrées par certains coachs à respecter quelques règles déontologiques et éthiques de base – confidentialité, honnêteté intellectuelle et commerciale, remise en cause personnelle, recherche du bien commun –, on peut penser qu'il s'agit davantage d'une inaptitude personnelle que d'une ignorance.

Le coaching d'équipe comporte trois règles déontologiques majeures, repères essentiels à disposition du coach et de ses clients.

1. Le coach d'équipe se sent apte à coacher et à donner le meilleur de lui-même à chaque séance. Il s'agit pour lui d'avoir le plus clairement conscience de ses limites. Par exemple, le coach atteint la limite de son intervention quand il se sent en difficulté. Il passe alors en auto-protection et peut devenir un problème pour l'équipe. Le coach d'équipe doit donc se poser des questions permanentes : quelles limites met-il à son métier, quelle est son écologie personnelle et son alignement entre ses convictions, son comportement et ses actions, que poursuit-il au travers de la pratique de son activité ?

2. Le coach d'équipe respecte les meilleures pratiques de la profession. Ces pratiques sont synthétisées par les associations professionnelles de coaching. Citons : l'établissement et le respect d'un contrat écrit ; le respect de la confidentialité entre le coach et chaque équipier, entre l'équipe et l'entreprise ; le respect de la qualité de la prestation, notamment par la supervision ; la référence à des modèles conceptuels reconnus et valides.

3. Le coach d'équipe respecte sa propre éthique, qu'il a définie et communiquée préalablement. Par exemple :

- assurer la protection des équipiers ;
- les accompagner pour développer leur autonomie en leur laissant du contre-pouvoir et de l'espace de liberté ;
- respecter l'entreprise prescriptrice et payeuse, notamment par rapport aux engagements de moyens du coach ;
- respecter ses valeurs personnelles et prendre ses responsabilités : le coach est capable de refuser un contrat si l'éthique de l'entreprise et celle de l'équipe ne lui correspondent pas.

3. Comment devenir un coach d'équipe professionnel ?

> « Comme dans un ballon libre, si l'on veut changer
> le déroulement de sa vie, il faut changer d'altitude. »
> Bertrand Piccard

3.1 Formation

Pour le coach d'équipe, il s'agit bien de réussir à maîtriser deux domaines de compétences – celles du coaching et celles de la dynamique de l'équipe –, soit en s'entraînant d'abord au coaching, soit en apprivoisant d'abord la dimension équipe. Chacun peut choisir son parcours en fonction de ses désirs, de sa sensibilité et de son expérience professionnelle antérieure. L'acquisition des compétences ne pouvant se faire que sur la durée, dans tous les cas il appartient au postulant de pratiquer concrètement avec des coachs d'équipe seniors. En effet, seule une maturité personnelle, acquise par un travail psychologique conséquent et un nombre d'années d'expérimentation suffisant avec l'équipe, peut garantir à la fois le plaisir et la fiabilité de la relation avec celle-ci.

Des instituts de formation au management ont créé depuis peu des programmes de formation spécifiques au coaching d'équipe qui s'articulent en général sur trois axes de compétences :

– *la maîtrise des méthodes de coaching individuel et d'équipe*, intégrant la connaissance de la psychologie et le travail sur soi, ainsi que l'expérimentation personnelle des outils, – pour mémoire, un outil donné doit être d'une part intégré par le coach, et d'autre part adapté à la situation rencontrée ;

– *la maîtrise des relations avec un groupe*, comprenant les actions à mener aux différents stades de maturité des équipes et la supervision de l'action du coach d'équipe en situation ;

– *la connaissance de l'entreprise*, de ses représentations, de ses codes et de son vocabulaire, si possible dans un contexte d'économie globalisée. Ce dernier axe intègre les aspects commerciaux, financiers et relationnels nécessaires au pilotage d'une intervention de prestation intellectuelle sur plusieurs années.

La pratique du coaching d'équipe étant encore assez peu structurée, il est préférable de diversifier les approches et les formateurs afin de construire son propre style d'intervention.

Le travail de recherche que le futur coach d'équipe effectue sur lui dans sa relation aux autres est encore le meilleur fil conducteur pour l'aider à prendre conscience de ses besoins de formation. Il lui permet notamment d'identifier son projet de vie et son ambition, ses désirs et ses motivations, son ombre et ses blessures à soigner, et ainsi de mieux comprendre pourquoi il veut devenir coach d'équipe.

Nous vérifions la motivation des participants aux sessions de formation au coaching d'équipe, par les deux mêmes questions posées aux équipiers, au début d'une intervention de coaching d'équipe : « Quel intérêt trouvez-vous à faire ce que vous faites ? Quel plaisir en retirez-vous ? » En pratique, ces questions deviennent :

– « Quel intérêt personnel allez-vous trouver à la pratique du coaching d'équipe ? »
– « Quel plaisir allez-vous en retirer ? »
– Nous en ajoutons une troisième : « que voulez-vous régler dans votre psychisme personnel en devenant coach d'équipe ? » Cette question alerte le coach sur la nécessité d'un travail personnel préalable et d'une vigilance sur son niveau de conscience, notamment par rapport à l'existence de son ombre.

3.2 Méthodes

Elles sont trop variées pour être énumérées. Le plus pertinent est sans doute de décrire un exemple de journée de formation de coachs d'équipe.

L'objectif de la journée est d'explorer les étapes d'un coaching de performance pour une équipe.
Dans un premier temps, le groupe des stagiaires est organisé en équipes de quatre, dont un manager, sauf quelques participants qui vont avoir une mission d'observation. Pour cela il est demandé des volontaires au rôle de manager et ceux qui se présentent sélectionnent alors leurs trois équipiers en les désignant à tour de rôle. Les équipiers désignés peuvent décliner l'offre. Dans un deuxième temps, l'animateur prend le rôle de dirigeant et expose la teneur de l'exercice : les équipes appartiennent à une même filiale nouvellement créée d'une entreprise de construction et ont à exécuter la même tâche : construire une tour, la plus haute possible et dans un temps limité, à l'aide de fiches en bristol et de ruban adhésif (on peut aussi utiliser des briques Kapla ou tout autre matériau).
Afin de donner un maximum de réalisme, chaque équipe profite d'un exercice préalable de cohésion consistant à effectuer un trajet dans la salle, les équipiers étant reliés par des baguettes tenues au bout des doigts. Les managers disposent ensuite de deux minutes pour communiquer avec leur équipe. Il est possible aussi d'introduire un bref exercice de motivation.
Dans un troisième temps, les équipes construisent la tour en temps limité. Une des équipes construit une tour moins haute que les autres : c'est elle qui sera coachée.
Le reste de la journée consiste à approfondir en aquarium le travail entre le coach et l'équipe. L'animateur conserve une position basse, très délégative, permettant aux stagiaires d'explorer divers dispositifs : atelier, supervision de réunion, etc.
Les sessions de coaching durent 10 minutes suivies d'environ 40 minutes de débriefing.
En fin de journée, l'exercice de construction est recommencé.

4. La supervision du coach d'équipe

« Les cruautés des tyrans leur viennent d'une vie intérieure
qui nous est commune à tous. »
Pierre Guyotat

Elle est encore plus indispensable en coaching d'équipe qu'en coaching individuel. En effet, même s'il intervient le plus souvent en tandem, le coach d'équipe est confronté à la complexité et à la violence des projections psychologiques, des transferts et des manipulations diverses habituellement constatés dans une équipe en phase de changement. Si cette confrontation n'a pas lieu, ou se déroule sur un mode mineur, c'est sans doute que le coaching n'est pas abouti et que l'équipe a « réussi » à utiliser son coach afin de ne pas changer !

La supervision se présente sous trois formes complémentaires : des entretiens individuels entre le coach d'équipe et son superviseur, des ateliers de supervision en groupe et la présence du superviseur observant le coach d'équipe en situation opérationnelle.

• **Les entretiens individuels avec son superviseur** permettent notamment au coach d'équipe de travailler sa posture face au groupe et de traiter les cas de relations difficiles avec certains équipiers. Le transfert du client sur le coach peut, par exemple, activer chez ce dernier une zone d'ombre non encore suffisamment nettoyée. Si nécessaire, le superviseur apporte aussi sa compétence commerciale pour repositionner économiquement les interventions du coach d'équipe.

• **Les ateliers de supervision en groupe** prennent soit la forme de groupes d'échanges de pratique des coachs d'équipes entre eux – chacun apportant ses propres cas qu'il soumet au feed back des autres –, soit la forme d'études de cas animées par un superviseur professionnel. Outre la remise en cause technique de la pratique de chacun et la confrontation des comportements individuels et collectifs, ces ateliers permettent de partager une situation de vie de groupe utilisée en direct pour favoriser la prise de conscience des processus internes à l'équipe et de la posture du coach d'équipe. Ce type de supervision accélère aussi la formation et la montée en puissance d'un coach d'équipe débutant. Dans ces ateliers sont également traitées les questions déontologiques éventuelles.

• **La participation du superviseur en situation opérationnelle** est plus délicate à organiser. Elle nécessite notamment l'accord préalable du client. Cette forme de supervision est néanmoins indispensable pour affiner la posture du coach d'équipe à partir des observations directes du superviseur. Le contexte opérationnel est analogue à celui de la supervision par le coach d'équipe des réunions de travail habituelles de l'équipe (voir chap. 2). Le débriefing est bien entendu réalisé en privé, en dehors de l'équipe.

5. La formation des formateurs au coaching d'équipe

« Quand on n'a plus rien à espérer de soi-même, on est mûr pour la grâce. »
Didier Long

Si nous percevons bien maintenant les compétences et le programme de formation des coachs d'équipe, comment devient-on formateur de coachs d'équipe ? Le débat est ouvert et chaque lecteur apportera ses propres réponses.

Les entraînements pour développer le savoir faire et le savoir être sont maintenant bien au point. Il n'en est pas encore de même pour l'exploration des finalités de l'action, de la recherche de sens et du savoir penser, c'est-à-dire du *savoir faire réussir* qui interpelle les limites du coach lui-même. Nous privilégions donc cette dimension pour amener les formateurs à se remettre en cause et à rencontrer leurs limites, même si la recherche de sens n'est pas une demande spontanée des clients.

En formation au coaching d'équipe, nous accompagnons la réflexion des participants sur le thème difficile du passage *de l'amour de soi à l'amour du Soi*. Voici, en synthèse, le texte que nous utilisons, certes surprenant à la première lecture, mais très efficace pour décentrer l'équipe et créer un débat profond et constructif. Afin de respecter le mieux possible la sphère privée et de faciliter la mise en commun des perceptions, nous suivons le protocole suivant : chacun lit le texte individuellement et note ses émotions, ses idées, ses doutes et ses rejets éventuels ; un premier partage se fait en binôme pour approfondir sa moisson personnelle ; chaque groupe de deux binômes produit des questions et des propositions destinées au groupe afin d'améliorer son fonctionnement et de l'accompagner dans sa recherche de sens ; les formateurs de coachs d'équipe animent la séance plénière de débriefing.

« Pour Jung, le soi réunit les différentes polarités et le potentiel complet de l'individu en un tout créateur. Le soi devient alors le centre réel de la personnalité, situé entre le conscient et l'inconscient. L'amour de soi est difficile. Peu de gens s'aiment vraiment. Le commandement – aimer son prochain comme soi-même – implique au préalable de s'aimer. Sinon, nous allons aimer l'autre comme nous nous aimons, c'est-à-dire peu ou mal. S'aimer vraiment soi-même est donc une conquête, l'expérimentation de sa valeur unique et irremplaçable dans l'univers. Tant de forces se conjuguent afin de nous empêcher de nous aimer vraiment : les limites de l'éducation de nos parents et de nos enseignants, la société nous indiquant que le moi est haïssable, nos peurs et notre manque de confiance. Pourtant, *la loi d'amour est une loi universelle*, à la fois physique, historique et psychologique. Elle s'articule en trois étapes :

1re étape : au début de sa vie, l'enfant est comme Dieu car il ne se différencie pas de son environnement : il vit dans le Tout. Progressivement, il prend conscience de sa finitude et de la séparation d'avec sa mère. En grandissant, l'homme élargit son champ de conscience, ce qui l'amène vers un processus d'individuation : la construction de l'individu. Discerner clairement entre soi et l'autre est bien la condition première de la vie, de la vie réussie autant que de la survie.

2e étape : après avoir pris conscience de l'autre, il s'agit de vivre avec lui, de gagner le combat de l'altérité. Rimbaud nous rappelle que Je est un Autre. S'individuer, c'est accepter en soi le désir de l'inconnu. C'est dépasser ce moi essentiellement imaginaire et idéalisé pour mener la recherche de soi jusqu'au bout et ainsi rencontrer l'Autre. Bien que l'individuation soit une tendance innée, elle demeure inaccessible à ceux qui, insensibles à leur intériorité, restent prisonniers de leur rôle social et apeurés par leurs archétypes. L'amour de l'autre est rendu difficile à cause de nos pollutions psychologiques inconscientes : projection, transfert, contre-transfert, névrose… Au cours de cette étape et malgré ces obstacles, nous développons notre capacité à aimer, à nous sentir vraiment concernés par l'autre, à l'écouter avec empathie. *Aimer, c'est se libérer de la peur.* De la peur de soi, de la peur de l'autre et de la peur de mourir. Comme l'expression d'une peur est en même temps une demande d'amour, chacun peut choisir de répondre à la peur, à celle de l'autre et à la sienne, par l'amour ou bien par la peur.

3e étape : la maturation personnelle permet de rencontrer ce qui nous dépasse, ce qui dépasse l'autre et transcende notre relation. C'est une loi de la nature, celle du devenir et du développement : aimer le Soi chez chacun, quel que soit l'être en lequel il s'incarne. C'est le moment où l'amour de soi, l'amour de l'autre et l'amour divin se confondent en un même point créateur, lieu de la vie au sens premier.

Mais de quel amour parlons-nous ? De quel mot latin : *Cupido*, *Amor* ou *Caritas* ? Ou de quel mot grec : *Eros*, *Philia* ou *Agapé* ? Nous retrouvons ainsi les trois étapes de la loi d'amour.
– *Cupido et Eros correspondent à l'amour physique*, au cerveau reptilien, au désir ardent de retrouver l'unité dans l'union avec une personne identifiée. Cette force du désir peut aussi entraîner l'expansion de la conscience.
– *Amor et Philia correspondent à l'amour sentimental*, au cerveau limbique relationnel et désigne la relation affective pleine de réciprocité et d'estime mutuelle. Cette force de l'amitié et du sentiment peut évoluer vers une recherche d'excellence morale.
– *Caritas et Agapé correspondent à l'amour spirituel*, au cerveau cortical, au dépassement de soi dans l'amour inconditionnel du Soi chez l'autre considéré d'abord comme un représentant de l'humanité. Cette force d'amour se consacre à autrui sans recherche de réciprocité et sans restriction. Cette troisième étape, celle de l'*Agapé*, est bien le passage de l'amour de soi à l'amour du Soi.

6. Comment choisir son coach d'équipe ?

« L'objectif est le chemin. »

La plupart des grandes entreprises ont mis en place des procédures de référencement et d'accréditation des coachs, dont les coachs d'équipe. La direction des achats intervient de plus en plus souvent dans ce processus, ce qui ne contribue pas à le simplifier. Les associations de coachs n'incluent pas toujours clairement le coaching d'équipe dans leur propre processus d'accréditation : un « master coach » l'est en coaching individuel mais nul ne sait encore ce qu'il vaut en équipe.

Parmi les coachs accrédités et à la différence du coaching individuel, le choix doit se faire ensuite à deux niveaux : d'abord par le manager, puis par l'équipe au complet. La base du coaching étant la qualité de la relation client-coach, le premier critère de choix doit donc être l'envie réciproque de cheminer ensemble, l'acceptation mutuelle et la confiance. Même si cette dernière se construit avec le temps, elle doit se manifester dès le premier entretien. Notre recommandation est de privilégier cette dimension par rapport à d'autres points plus techniques, comme la formation du coach ou les méthodes qu'il utilise. Une question permet de préciser la pratique du coach : « comment préparez-vous une séance de coaching d'équipe ? » Si le coach répond : « je prépare la séance en me préparant personnellement car le contenu appartient à l'équipe », sa pratique correspond *a priori* à ce que nous développons dans cet ouvrage.

Pour le coach d'équipe, l'entretien préalable est également un entretien de vente. Au-delà des mots utilisés, qui peuvent être standardisés et formatés pour convaincre, le client doit discerner la véritable épaisseur humaine de son coach potentiel, ainsi que son appétit de transmettre sans plaquer ses propres croyances. À ce stade, l'intuition du client et le non-verbal sont ses meilleurs indicateurs. Des questions sur la déontologie, la supervision et le parcours thérapeutique complètent les informations indispensables au choix performant d'un coach d'équipe.

5

LES PERSPECTIVES DU COACHING D'ÉQUIPE

« Le doigt montre la lune. L'imbécile regarde le doigt. »
Proverbe chinois

Le coaching d'équipe est un type particulier de prestation intellectuelle destiné à accompagner l'entreprise dans son pilotage du changement. C'est aussi une nouvelle façon d'envisager les relations professionnelles, dans une recherche pragmatique de coopération et de distanciation.

En termes systémiques, le coaching d'équipe permet de relier trois entités jusqu'ici souvent placées en opposition par les experts ou relevant d'approches très différenciées : l'individu, le groupe auquel il appartient et l'ensemble de l'organisation. Dans cette vision de la réalité, le coaching des organisations devient alors possible, conduisant à une définition plus globale du coaching : *« coacher consiste à accompagner un système sujet – personne, équipe, organisation – pour qu'il conçoive lui-même ses propres réponses au système objet qu'il doit traiter – résultats, actions, défis, challenges, problématiques… »*

D'autres perspectives s'ouvrent aussi au développement du coaching d'équipe, notamment dépasser les limites inhérentes à la méthode et utiliser les opportunités offertes par l'environnement économique actuel.

1. Dépasser les limites du coaching d'équipe

« L'obstacle est matière à action. »
Marc Aurèle

La conscience des principales limites de la méthode de coaching d'équipe incite le coach à mieux les anticiper et à trouver, en situation, les antidotes appropriés.

Les limites concernent d'abord celles de l'équipe. L'efficacité du coaching dépend de la motivation, des compétences et de l'implication des équipiers. S'ils ne sont pas volontaires, ne désirent pas progresser ou sont incompétents techniquement dans leur métier, la tâche du coach d'équipe est alors rendue très difficile, quel que soit son talent. Chacun est libre de choisir d'être accompagné ou non vers son développement et son autonomie. C'est le premier degré de l'autonomie qui permet notamment à l'équipe de progresser en résistant mieux aux injonctions paradoxales : « soyez autonomes, je le veux ! » Une contre-indication flagrante est la « dépression collective », où le manque d'énergie est tel qu'il faut recourir à d'autres méthodes plus directives. La présence de personnalités difficiles peut aussi empêcher le travail collectif.

Une action collective ne peut pas tout résoudre. La force d'une équipe est celle de son équipier le plus faible. Il est souvent nécessaire d'accompagner individuellement certains équipiers pour les renforcer – cet accompagnement est bien sûr mené par d'autres coachs afin de différencier clairement les espaces de transfert –, ou de les amener à entreprendre un travail de développement personnel, réalisé obligatoirement en dehors de l'entreprise. Limite du coaching d'équipe, ce passage par la personne est aussi une opportunité de prise de conscience individuelle des difficultés et une incitation à les résoudre.

Le manque de compétences du coach d'équipe, ou un travail insuffisant sur lui-même, limite la méthode. Son désir de bien faire, d'obtenir des résultats, voire de « sauver » l'entreprise, peut l'amener à trop intervenir aux dépens, par exemple, de la position basse qui respecte mieux le rythme de l'équipe. Son impatience risque alors de le pousser vers le conseil avant d'avoir expérimenté toutes les voies du coaching d'équipe. L'insuffisance de connaissances du coach, notamment sur les fonctionnements psychologiques individuels et groupaux de base, peut donc freiner le déroulement du coaching d'équipe et, en conséquence, démotiver l'équipe par manque de résultats.

Par ailleurs, le coaching d'équipe pose question car il peut comporter des *risques pour les personnes :*

– l'instrumentalisation du coach au profit d'objectifs de l'entreprise contraires à l'éthique ;

– la soumission des personnes à un conformisme renforcé par le recours au coaching ;

– l'érosion de l'esprit critique vis-à-vis de l'organisation : le coaching d'équipe peut amener les personnes à faire de façon volontaire ce que le système économique souhaite leur faire réaliser. L'équipe prend alors en charge elle-même les réalisations à mettre en œuvre qui lui auraient été imposées auparavant.

Le coaching d'équipe repose sur *l'adhésion volontaire des personnes* obtenue dans le cadre des finalités économiques de l'entreprise. Il s'agit bien là d'une contradiction qui peut souvent déboucher sur une injonction paradoxale – être authentique, individuellement et en groupe, tout en répondant à l'exigence de flexibilité et de performance propre à l'entreprise – lorsque l'intensité de la transition excède la capacité d'adaptation naturelle des équipiers. Une trop forte psychologisation des rapports de travail risquerait d'aider les équipes à mieux vivre avec leurs problèmes et non de contribuer à les résoudre. En revanche, le renforcement de la maturation personnelle des équipiers facilite la recherche du sens de leur action et leur permet souvent de mieux évoluer dans leur contexte. Nous voyons bien l'absolue nécessité pour le coach d'équipe de disposer d'un superviseur et d'un lieu thérapeutique pour faire face lui-même à ces contradictions et réussir à accompagner l'équipe.

Le coaching d'équipe se situe davantage dans *l'esprit de réforme* que dans la critique de l'existant, davantage dans le domaine de la dialectique qui se confronte à la réalité que dans celui de la rhétorique qui cherche à convaincre. Le coaching d'équipe jouera vraiment son rôle s'il gagne en ambition subversive et critique, s'il s'émancipe vers la philosophie et le spirituel, s'il ne se limite plus aux domaines psychologiques et gestionnaires. Si certains parlent d'ouverture, d'autres insistent sur l'audace. Il s'agit dans les deux cas de faire exploser les limites que s'impose l'équipe : « c'est impossible, dit-on, il nous reste à le réaliser… »

Le coach d'équipe doit donc avoir une *vision du monde personnelle* – dans toutes ses dimensions : la politique, l'éthique, l'écologie… – accompagnée de *convictions fortes*, afin d'encourager les équipiers à s'exprimer et à prendre des positions assertives élargissant leur marge de liberté. Son entraînement à la posture de coach d'équipe lui permet de respecter les valeurs d'autrui, les convictions et les intérêts des équipiers, car ce sont bien ces acteurs eux-mêmes qui se prescrivent les évolutions nécessaires.

Par exemple, le coach d'équipe peut accompagner concrètement la recherche de sens à trois niveaux :
– quel sens profond l'entreprise donne à ses actes et à ses croyances à travers sa stratégie ?

– quel sens l'équipe donne à ses actes professionnels par rapport à l'entreprise ?
– quel sens chaque équipier donne à son engagement professionnel à travers son histoire personnelle, familiale et sociale ?

2. Utiliser les opportunités de l'environnement économique actuel

« Tu ne dois pas supporter ta vie mais la porter.
Seul l'amour est capable d'un tel prodige. »
Dagpa Rimpoché

Les changements induits par l'internationalisation et la globalisation, les progrès des technologies de l'information ainsi que l'évolution des concepts et des pratiques en matière d'organisation ouvrent de nouveaux horizons au coaching d'équipe, en particulier dans trois directions complémentaires :

– le pilotage du changement au niveau de l'ensemble de l'organisation, comme méthode efficace à la disposition de l'entreprise pour faire face aux nouveaux défis ;
– le style de management « coaching d'équipe », nouvelle compétence à développer par les managers ;
– la valeur ajoutée réelle apportée à toute prestation intellectuelle, notamment par la posture et les outils du coaching d'équipe.

Ces perspectives nouvelles doivent aussi contribuer à trouver une issue aux défis correspondants : ultraflexibilité, changement permanent et compétitivité accrue.

2.1 Pilotage du changement

Cette méthode est efficace et intéressante à plusieurs titres :

• Elle valorise la dimension collective à un moment d'exacerbation des réussites individuelles, parfois narcissiques. L'intérêt est de montrer qu'une action menée en équipe, avec des principes de respect de l'individu et de recherche d'autonomie, procure des résultats concrets beaucoup plus durables que la mise sous pression abrupte de quelques équipiers ou que certaines flambées personnelles.

• Le retour sur investissement d'un coaching d'équipe réussi est plus rapide et plus élevé que la plupart des autres types d'intervention. Il apporte :

– des résultats plus profonds et permanents qu'une action de formation au management, pour une dépense inférieure ;
– un espace de créativité et d'appropriation par l'équipe beaucoup plus large qu'une intervention de conseil, même si la valeur ajoutée de celle-ci peut apparaître ponctuellement plus importante ;
– un effet de levier supérieur à celui du coaching individuel du manager, même à un prix plus élevé ;
– un plus grand intérêt opérationnel et financier que le coaching individuel des équipiers par des coachs différents.

• Le coaching d'équipe est beaucoup plus efficace pour traiter les diverses résistances au changement que les démarches individuelles car ces résistances sont intégrées à la démarche collective, objectivées et partagées. Lorsque le coach d'équipe a réussi à « purger » les représentations négatives du passé, l'équipe manifeste moins de résistance, même en situation d'échec. Par ailleurs, un manager seul peut plus facilement hésiter à se former ou à être coaché car, dans certaines cultures d'entreprise, accepter ce type d'aide extérieure est perçu comme une remise en cause personnelle.

2.2 Style de management

« Il y a une contradiction permanente entre une action désintéressée et une société fondée sur l'intérêt. »
Jean Vilar

Le coaching d'équipe est une nouvelle compétence à développer en priorité par les managers.

Pour le manager, emprunter des techniques au coaching individuel avec certains de ses collaborateurs s'avère pertinent pour accompagner une prise de fonction, accélérer une progression de carrière ou résoudre des difficultés ponctuelles. Mais multiplier les séances de coaching individuel consomme du temps et peut entraîner des distorsions à l'intérieur de l'équipe. En effet, il y a conflit de postures entre celle du manager et celle du coach, et l'absence de supervision pose évidemment un problème déontologique.

Il est donc souvent plus pertinent de coacher l'équipe en entier, ce qui est un concept assez nouveau développé par Daniel Goleman (2000). Le manager doit alors préalablement clarifier son rôle : est-il le donneur d'ordres, le patron responsable des résultats opérationnels devant sa hiérarchie ? Ou la ressource pour accompagner les équipiers vers davantage de maturité et d'autonomie collectives ?

> Un conflit éclate entre le directeur commercial et le directeur de production lors du comité opérationnel hebdomadaire. En position haute, le manager de ces deux directeurs peut contribuer à résoudre ce conflit en rencontrant les protagonistes individuellement ou ensemble. Il peut aussi faire pression sur chacun d'eux et leur faire comprendre leur intérêt, voire décider de modifier la composition de l'équipe. Le manager intervient et décide.
> En position basse de coaching d'équipe, il observe tranquillement les réactions des autres membres du comité devant la situation créée. Puis le manager pose des questions en réunion afin d'amener l'équipe à prendre conscience que le conflit n'appartient pas seulement à deux personnes plus ou moins douées en intelligence émotionnelle, mais qu'il concerne directement l'ensemble de l'équipe. Le manager entraîne ainsi son équipe à prendre en charge la résolution de ce conflit ponctuel et la conception d'un dispositif pour anticiper les suivants.

La pratique prudente du coaching d'équipe n'implique pas pour le manager de suivre le même cursus de formation ni d'acquérir les mêmes compétences que le coach d'équipe externe. Il est néanmoins indispensable qu'il participe à des modules spécifiques d'entraînement au coaching d'équipe. Le manager s'approprie ensuite la démarche par l'intervention d'un coach d'équipe extérieur, puis reprend lui-même progressivement l'intervention à son compte en adoptant la posture de coach d'équipe. Cette solution présente l'avantage de tester l'acceptation du processus, d'entraîner les équipiers et le manager à la méthode, et de choisir avec l'équipe le meilleur rythme pour arrêter l'intervention extérieure.

Toutefois, il appartient au manager d'exercer sa vigilance, notamment pour éviter l'excès d'enthousiasme et l'idée que le coaching d'équipe est la solution à toute difficulté rencontrée par l'équipe. En effet, la compréhension de la valeur ajoutée du coaching d'équipe et sa pratique régulière apportent souvent beaucoup de satisfaction car c'est une méthode accessible qui fait grandir l'équipe et accroît ses performances. Mais ce succès peut rendre le manager aveugle et peu lucide sur l'équipe et sur lui-même. Il risque alors de rester trop souvent en position haute sans laisser suffisamment d'espace aux équipiers.

Cette compétence au coaching d'équipe devient toutefois essentielle au manager pour l'aider à répondre en équipe aux défis actuels de l'environnement économique et social. Le coaching d'équipe permet en effet de réconcilier la recherche pragmatique de résultats opérationnels concrets et celle de relations humaines plus authentiques. Il aide les équipiers à redonner du sens aux actes mécaniques qu'ils posent parfois au quotidien. Il les encourage à s'intéresser à leur espace intérieur et à celui des autres.

2.3 Réelle valeur ajoutée

« Combien faut-il de coachs d'équipe pour changer une ampoule ?
Réponse : un seul, mais il faut que l'ampoule accepte d'être changée. »

Le coaching d'équipe enrichit toute prestation intellectuelle. Il devient une nouvelle façon d'envisager les relations professionnelles, en termes de partage des finalités, de vision globale de la relation, de façon d'être et de comportement face à un interlocuteur professionnel. La posture, la démarche et les outils du coaching d'équipe procurent des réponses concrètes aux prestataires de service extérieurs comme aux acteurs de l'entreprise, par exemple en tant que :

– *fournisseur* : co-construire avec son client les réponses à apporter, en lui laissant le maximum de champ ;
– *client* : entrer rapidement dans une phase de synergie et de créativité collective avec le prestataire ;
– *manager* : entendre la voix de son équipe et travailler sa posture symbolique de leader et de décideur ;
– *collaborateur et collègue* : mieux comprendre et accepter que chaque équipier s'exprime à deux niveaux, le sien propre et celui de l'équipe.

Concrètement, le coaching d'équipe favorise ***le management de la diversité***. Une des dynamiques que nous observons est l'augmentation des situations où la diversité est un facteur clef : fusions, mise en place de projets multiculturels transverses, problématiques liées à la mixité, délocalisations, extension géographique, prise en compte de facteurs religieux… Dans ces situations, le temps joue un rôle important car, non seulement il faut créer un « Nous », une nouvelle tribu, mais il faut le faire rapidement. Outre les questions que se pose une équipe homogène – l'efficacité collective et la capacité à anticiper –, s'ajoute celle de la gestion de la diversité.

Durant les vingt dernières années, l'influence du facteur culturel a fait l'objet de recherches qui ont été transformées en programmes de formation. La plupart des entreprises qui interviennent au niveau international ont encouragé leurs responsables à comprendre les mécanismes en jeu dans la rencontre interculturelle. Depuis peu, la communauté des coachs a réalisé que leur pratique devait prendre en compte ces mécanismes (Moral, 2005) et des outils de coaching individuel ont été développés en ce sens. Nous sommes à l'aube d'une troisième étape où le coaching d'équipe intègre peu à peu de nouveaux outils permettant d'inclure la diversité dans le processus d'accompagnement collectif. De tels outils sont encore rares, car la communauté des interculturalistes a eu tendance à isoler le facteur culturel alors que la préoccupation des acteurs, dirigeants et décideurs, est à l'inverse de l'insérer dans le cours de leur réflexion comme un élément d'arrière-plan qui a un impact sur tous les aspects de leur stratégie.

Sabine Henrichfreise a approfondi un outil développé par JPB Consulting, le *« Puzzle de la diversité »,* qui prend en compte quatre facteurs d'influence au niveau individuel, collectif ou organisationnel :
– la culture, considérée comme la programmation collective d'un groupe, pays, genre ou religion ;
– le profil individuel, homme ou femme, personnalité, âge, métier ;
– la culture d'entreprise ;
– les jeux de coopération.

Au centre du puzzle, le **champ du potentiel** est un espace de créativité permettant d'explorer de nouvelles solutions d'efficacité collective. Le travail sur les interfaces entre les quatre domaines évoqués s'avère stratégique, car il vise à créer une histoire commune, des valeurs communes et un langage commun. Il permet d'accéder au champ du potentiel qui, paradoxalement, fédère sur la base des différences. Cet exercice d'une demi-journée permet d'incorporer les différences comme une source de synergie, ce qu'une simple formation sur l'interculturel ne sait pas faire.

3. Vers le coaching de l'organisation

« Il existe deux types d'hommes : ceux qui mettent un couvercle sur la marmite et ceux qui mettent le feu dessous. »
Jean-Louis Barreau

Le coaching de l'organisation se pose en réponse possible à la question suivante : les difficultés d'une personne ou d'une équipe étant souvent un symptôme des dysfonctionnements du système, que vaut-il mieux faire, traiter la personne ou l'équipe, donc le symptôme, ou traiter le système ?

Si le système judiciaire dysfonctionne, est-il plus efficace de coacher le Ministre de la Justice, l'équipe dirigeant le Ministère, les juges d'instruction individuellement, ou de s'intéresser au système global ? Avec quel client, quel prescripteur payeur et quelle démarche ?

Dans cette approche, le travail avec les personnes et les équipes est un levier d'action peu efficace pour faire évoluer le système.

Les notions à traiter en coaching de l'organisation concernent l'identité (Saint Saulieu, 1995), le pouvoir en tant que capacité à contrôler le champ d'incertitudes des autres (Michel Crozier, 1963), la complexité (Edgar Morin, 1994) et l'emprise du système sur les acteurs (Eugène Enriquez, 1992).

Les exigences de flexibilité ont favorisé l'apparition de nouvelles formes d'organisation et l'émergence de façons jusqu'ici inconnues de pratiquer un métier. Aussi bien les raids asiatiques sur l'industrie privée européenne (en 2006 : Mittal-Arcelor, Bluestar-Assideo, Bluestar-Rhodia, etc.) que la pression réglementaire et technologique sur les administrations vont amener les responsables à repenser profondément le mode de fonctionnement au sein de leurs structures. Les efforts en vue de diminuer les coûts conduisent à faire exécuter les tâches là où elles sont le moins chères, ce qui va inéluctablement augmenter la distance, géographique mais aussi culturelle, entre les managers et leurs subordonnés. Comme l'indique Moral (2004), de nouveaux styles de conduite des équipes et des projets se développent, d'autant plus rapidement que les NTIC (Nouvelles Technologies de l'Information et de la Communication) permettent l'implémentation de structures associant polyvalence et polycompétence (Vallery, 2001).

On peut donc prévoir que la demande pour le changement organisationnel va croître, d'autant plus que l'évolution démographique conduit à la mise hors du marché du travail de la génération du baby-boom consécutive à la seconde guerre mondiale. La pénurie de managers s'annonce aiguë.

Les faits montrent que les entreprises ne sont pas souvent en mesure de conduire elles-mêmes le changement et font donc appel à des consultants externes. Les experts du conseil suivent une démarche consistant à produire un diagnostic et des recommandations à la suite d'une analyse de la situation. Le coaching d'une organisation vise au contraire à développer chez celle-ci la capacité à élaborer ses propres solutions.

L'idée de changer une organisation a été formalisée pour la première fois par Kurt Lewin (1947) dans une approche dite « 3 étapes » consistant à introduire une instabilité (« *unfreezing* »), puis profiter de la perméabilité du système pour le modifier (« *move* ») et enfin aider l'organisation à retrouver un état d'équilibre (« *refreezing* »). À partir des années 70, le courant du Développement des Organisations (McGregor, 1971) puis l'approche de l'Excellence culturelle (Peters & Waterman, 1982) rejettent l'image d'un travailleur devant être dirigé par le haut au profit de celle de salariés participatifs et responsables. Les méthodes d'intervention restent normatives et ce n'est qu'avec le processualiste Andrew Pettigrew (1980) ou les socio-analystes (Jaques, 1972) que l'idée d'un consultant « catalyseur » en position basse se substitue à celle d'un « expert » en position haute.

La conception actuelle penche vers la notion de « coaching d'organisation » qui, partant de la volonté du leader, est un projet où sont déployés des coachings de dirigeants, de managers et d'équipes, combinés avec de la formation et des ateliers de team-building et de team-development. Le groupe de pilotage du projet est plutôt en posture *meta* qu'en position de conduite, il agit plus comme architecte que comme leader et mêle des responsables-clients avec des représentants du cabinet de coachs. Ces derniers doivent impérativement avoir eux-mêmes un très bon niveau de maturité en tant qu'équipe, niveau qu'ils ne peuvent acquérir qu'au travers de séminaires internes, au cours desquels ils expérimentent leurs techniques, en inventent de nouvelles et apprennent à privilégier leur action collective. Ce n'est pas toujours facile dans une communauté professionnelle qui valorise au contraire l'individualisme.

CONCLUSION

« Neuf femmes ne pourront faire un enfant en un mois. »
Proverbe chinois

Il nous semble indispensable de reprendre ici quelques messages essentiels que nous avons distillés dans cet ouvrage et qui doivent constituer le préalable à toute construction d'un coaching d'équipe.

Tout d'abord, il nous semble impératif de rappeler que le coaching est une démarche qui concerne aussi bien une personne que des ensembles plus ou moins complexes de personnes : *coacher, c'est accompagner un système sujet (personne, équipe, organisation) pour qu'il conçoive lui-même ses propres réponses au système objet qu'il doit traiter (résultats, actions, défis, challenges, problématiques...).*

En second lieu, quoique certains auteurs aient une position très tranchée, comme par exemple coacher le DG avant toute chose, *il n'existe pas de règle absolue* pour la conduite d'un coaching d'équipe. Loin de tout dogmatisme, nous avons au contraire montré que chaque étape est un choix qui dépend du contexte et que chaque croisement demande une réflexion sur l'adéquation entre les méthodes et la situation.

Ensuite, il est indispensable de *surprendre.* La pensée convenue, les certitudes, les attentes et les peurs contribuent à l'homéostasie et donc à la résistance au changement. Contrairement à ce que l'on pourrait croire intuitivement, ce ne sont pas les bénéfices à venir qui déclenchent le mouvement vers le nouveau, mais au contraire la compréhension de ce que le changement permettra de conserver.

Surprendre ne veut pas dire brutaliser. Quoique les entrepreneurs soient de plus en plus avides de résultats rapides, légitimement poussés en cela par l'accélération des mutations dans le monde économique, la vitesse de la prise de conscience reste la même et le travail de coaching doit donc aller à un certain rythme pour être efficace. Ceux qui apprennent une langue nouvelle, par exemple, n'exigent pas que cet apprentissage se réduise miraculeusement à quelques jours. Beaucoup d'équipes attendent trop d'un unique séminaire « au vert ». Tout comme en coaching individuel, l'existence d'intervalles suffisants entre les interventions du coach est la part principale de l'effet durable attendu.

Il existe d'autres isomorphies entre le coaching individuel et le coaching d'équipe, mais celles-ci butent sur la nature différente de l'objet. L'approche présentée dans ce livre favorise la construction du futur à partir du présent et ressemble donc à un coaching orienté vers la solution. Toutefois, s'agissant d'une équipe, le travail préalable sur le fonctionnement de l'équipe et la constitution d'un « Nous » reste nécessaire.

Un point important est que, si l'Occident a longtemps cru aux vertus d'un individualisme forcené, l'irruption de « Chindia » (*China and India*) lui fait redécouvrir la nécessité du collectif, non pas en raison du manque de ressources matérielles comme au Moyen-Âge, mais en raison du manque de ressources immatérielles, dont en particulier le temps. Il est donc probable que la demande pour le coaching d'équipe se développe rapidement. Cependant, l'idée que l'équipe est plus complexe que l'individu a longtemps prévalu et rebute certains coachs. S'il est vrai que la formation est plus sélective, l'exercice de la profession est au même niveau de difficulté : les lois de fonctionnement groupales ne sont pas plus complexes mais seulement moins familières. Ceci explique aussi l'irrésistible tentation d'aller immédiatement vers des entretiens individuels avec les équipiers au risque de créer des liens privilégiés qui ralentiront le processus.

Enfin, le coach d'équipe doit *s'interroger sur ce qui le pousse à exercer cette activité*, se demander à quels besoins inconscients personnels il répond, ce qui renforce à la fois sa propre éthique, son efficacité et son plaisir d'agir, ainsi que la protection et les résultats obtenus par ses clients.

Bien entendu, ce livre ne pouvait être écrit qu'en équipe et celle-ci a bien fonctionné, ce qui est le moins que nous pouvions attendre de cette aventure.

BIBLIOGRAPHIE

ANZIEU Didier, *Le groupe et l'inconscient*, Dunod, Paris, 1975.
ANZIEU Didier, *Les enveloppes psychiques*, Dunod, Paris, 1990.
ASCH Solomon, « Studies of Independance and Submission to Group Pressure », *Psychology Monograph,* vol. 70, n° 416, 1956.
AUDEBERT-LASROCHAS Patrick, *Profession : négociateur*, Éditions d'Organisation, Paris, 1995.
AVRON Ophélia, *La pensée scénique*, Erès, Paris 1996.
BELBIN Meredith, *Management Teams*, John Wiley & Sons, New York, 1981.
BERNE Eric, *Transactional Analysis and Psychotherapy*, Grove Press, New York, 1961.
BERNE Eric, *The structure and dynamics of organisations and groups*, New York, Grove Press, 1963.
BION Wilfred, *Recherches sur les petits groupes,* PUF, Paris, 1965 (1re édition 1957).
BION Wilfred, *Experiences in groups*, Tavistock Publications, London, 1961.
BLANCHARD Kenneth, Ph.D., SPENCER Johnson, M.D., *The One Minute Manager*, Berkley Books, New York, 1983.
BRADFORD Robert, DUNCAN Peter, TARCY Brian, *Simplified Strategic Planning : A No-Nonsense Guide for Busy People Who Want Results Fast*, Chandler, Worcester, 2000.
BURNES Bernard, *Managing change*, Pearson, Harlow, 2000.
CARDON Alain, *Coaching d'équipe*, Éditions d'Organisation, Paris, 2003.
CATTELL R.B., EBER H.W. & TATSUOKA M.N., *Handbook for the 16 P.F.,* Institute for Personality and Ability Testing, Champaign, 1970.
CAZES Bernard, *Histoire des futurs. Les figures de l'avenir de saint Augustin au XXIe siècle*, Seghers, Paris, 1986.
CHINES Danièle, « Sens de l'organisation ou organisation du sens », in *Actualités de l'Analyse Transactionnelle, 71*, 1994, pp. 98-99.
COUVIN Pierre, *La cohésion des équipes. Pratique du team building*, Partie connaissance du problème, ESF, Paris, 1997.
COLLINS Jim & PORRAS Jerry, *Built to last : Successful Habits of Visionary Companies*, Collins, New York, 2002.
CROZIER Michel, *Le Phénomène bureaucratique*, Le Seuil, Paris, 1963.
DEVILLARD Olivier, *La dynamique des équipes*, Éditions d'Organisation, Paris, 2003.

DESREUMAUX Alain, *Introduction à la gestion des entreprises*, Armand Colin, Paris, 1992.

ELKAÏM Mony, *Panorama des thérapies familiales*, Seuil, Paris, 1995.

ENRIQUEZ Eugène, *L'organisation en analyse*, PUF, Paris, 1992.

FIEDLER Fred, *Leader Attitudes and Group Effectiveness*, University of Illinois Press, Urbana, IL, 1958.

FIEDLER Fred, *A Theory of Leadership Effectiveness*, McGraw-Hill, New York 1967.

FIEDLER Fred, *Leadership*, General Learning Press, New York, 1971.

GABILLIER Philippe, *Savoir anticiper*, ESF, Paris, 1999.

GABILLIER Philippe, *Conduites d'anticipation*, Économica, Paris, 2007 (à paraître).

GALBRAITH John, *Le nouvel état industriel,* Gallimard, Paris, 1968.

GOLEMAN Daniel, *L'intelligence émotionnelle*, J'ai lu, Paris, 2000

HATCH Mary Jo, *Organization Theory : Modern, Symbolic and Postmodern Perspectives*, Oxford University Press, Oxford, 1997.

HERRMANN Ned, *Les dominances cérébrales et la créativité*, Retz, Paris, 1978.

HEVIN Bernard, TURNER Jane, *Manuel de coaching*, Interéditons, Paris, 2002.

HOUSE, R.J. (1971), « A path-goal theory of leader effectiveness », Administrative Science Quarterly, 16, pp. 321-339.

HUBER Gérard, KARLI Madeleine, LUJAN Christian, *Quand le travail rend fou – Pour que ça change*, Attias, Paris, 2003.

ICHAZO Oscar, *Between Metaphysics and Protoanalysis : A Theory for Analyzing the Human Psyche,* Arica Institute Press, New York, 1975.

JONGEWARD Dorothy, BLAKENEY Roger, « Appliquer l'A.T. dans les organismes », in *Interventions en entreprises et organisations*, AAT 18, 1981, pp. 60-64.

JAOUI Gysa, « Entreprises et A.T. » (éditorial), in *Miniscenarios et entreprise*, AAT 30, 1984, p. 50.

JAQUES Elliott, *Intervention et changement dans l'entreprise*, Dunod, Paris, 1972.

KAËS René, *L'appareil psychique groupal,* Dunod, Paris, 1976.

KAHLER Taïbi, « Scripts : Process and Content », in *Transactional Analysis Journal, 5,* 1975, pp. 277-279.

KATZENBACH Jon, SMITH Douglas, *The wisdom of teams,* HarperCollins, New York, 1993.

LENHARDT Vincent, *L'A.T. dans les organisations*, (éd.). 18, pp. 58-59.

LENHARDT Vincent, *Les responsables porteurs de sens*, Insep Consulting, Paris, 2002.

LEWIN, Kurt, « Action research and minority problems », in Lewin, G. W. (ed.), *Resolving Social Conflict,* Harper & Row, London, 1946.

LEWIN Kurt, « Frontiers in group dynamics », in *Field Theory in Social Science*, Social Science, London, 1947.

LEWIS Ralph, « From chaos to complexity : implications for organizations », *Executive Development, 7, 4*, 1994, pp. 16-17.

LEWIS Richard, *When cultures collide : managing successfully across cultures,* Intercultural Press, Yarmouth, 1999.

LINDGREN Mats, Bandhold Hans, *Scenario Planning : The Link Between Future and Strategy*, Palgrave Macmillan, 2003.

LYNCH Lisa, BLACK Sandra, « Beyond the Incidence of Employer-Provided Training », *Industrial & Labor Relations Review,* 52, n° 1, 1998, pp. 64-80.

MATTEWS R., « Competition, archetypes and creative imagination », *Journal of Organizational Change Management, 15, 5*, 2002, pp. 461-476.

MARSTON William, *Emotions of Normal People,* International Library of Psychology, New York, 1928.

MCCRAE R., COSTA P., *Personality in adulthood*, Guilford, New York, 1990.

MCGREGOR D., *La dimension humaine de l'entreprise*, Gauthier Villars, Paris, 1971.

MICHOLT N., « Psychological distance and group interventions », *Transactional Analysis Journal* 22, 4. 1992.

MERCURE Daniel, *Les temporalités sociales,* Théories Sociologiques, L'Harmattan, Paris, 1995.

MERGERISON Charles, MCCAHN Dick, *Team Management : Practical New Approaches,* Management Books, London, 1985.

MILGRAM Stanley, *Obedience to Authority : an experimental view,* Harper and Row, New York, 1974.

MORAL Michel, *Le manager global : comment piloter une équipe multicuturelle,* Dunod, Paris, 2004.

MORAL Michel, ANGEL Pierre, *Coaching : outils et pratiques*, Armand Colin, Paris, 2005.

MORIN Edgar, *La Complexité humaine,* Flammarion, Paris, 1994.

MORIN Edgar, *Éthique – La méthode n° 6*, Seuil, Paris, 2004.

MUCHIELLI René, *Le travail d'équipe*, ESF, Paris, 1978.

MYERS Katerine & BRIGG Isabel, *The Myers-Briggs type indicator*, Palo Alto, CA : Consulting Psychologists Press, Palo Alto, 1962.

NISBETT Richard, *The geography of Thought, How Asian and Westerners Think Differently… and Why*, Free Press, New York, 2003.

OSGOOD Charles, *The measurement of meaning,* University of Illinois, 1956.

PETERS T. & WATERMAN R., *In Search of Excellence : Lessons from America's Best-Run Companies*, Harper & Row, London, 1982.

PETTIGREW Andrew, *The politics of organisational change,* in *The human side of information processing*, North Holland, Amsterdam, 1980.

PETTIGREW Andrew, FERLIE E. and MCKEE L., *Shaping Strategic Change*. London, Sage, 1992.

PFEFFER J., *Power in Organizations*, Pitman, Cambridge, 1981.

PRIROGINE Ilya, *From being to becoming*, Freeman, New York, 1980.

PRIROGINE Ilya and STENGERS Isabela, *Order out of Chaos : Man's New Dialog with Nature*, Bantam Books, New York, 1984.

PRIROGINE Ilya and STENGERS Isabela, *The End of Certainity, Time, Chaos, the New Laws of Nature*, Free Press, New York, 1997.

REDDY Martin, « Niveaux théoriques en A.T. : formulations et applications », *AAT 18*, pp. 65-69 (3, pp. 138-142).

SAINSAULIEU Renaud, « Quel avenir pour le travail ? », in *Vers une société de pluriactivité ?,* Esprit, n° 12, décembre 1995.

SCHEIN Edgar, *Organizational Psychology*, 3rd edition, Prentice Hall, London 1988.

SCHEIN Edgar, *Organisational Culture and Leadership*, Jossey-Bass, NewYork, 1992.

SCHIRM Rolf, *La clé de la connaissance de soi-même : L'analyse biostructurelle 1*, IBSA, Baar, 1990.

SCHUTZ William, *The Interpersonal Underworld*, Science and Behavior Books, Palo Alto, Calif., 1966. First published as *FIRO : A Three Dimensional Theory of Interpersonal Behavior*, Holt, Rinehart and Winston, New York, 1958.

SENGE Peter, *The Fifth Discipline : The Art and Practice of the Learning Organization,* Century Business, London, 1990.

SHERIF Muzafer, « An experimental approach to the study of attitudes », *Sociometry*, 1937, I, pp. 90-98.

SIMONET Jean, *Le management d'une équipe*, Éditions d'Organisation, Paris, 1987.

STEWAET Ian, JOINES Vann, *Manuel d'Analyse Transactionnelle*, InterÉditions, Paris, 2001.

TUCKMAN B., « Development sequence in small groups », *Psychological Bulletin, 63(6)*, 1965, pp. 384-399.

VALLERY Georges, « Quels sont les effets des NTIC sur le travail et l'organisation », in *Ressources humaines, les apports de la psychologie du travail*, Éditions d'Organisation, Paris, 2001, pp. 553-576.

VON BERTALANFFY Ludwig, « The History and Status of General Systems Theory », *Academy of Management Journal*, vol. 15, n° 4, reéd. General Systems Theory (Déc., 1972), 1947, pp. 407-426.

VROOM, V.H., YETTON, P.W, *Leadership and decision-making,* Pittsburg : University of Pittsburg Press, 1973.

WHITMORE John, *Le guide du coaching*, LMD, 1992 (révisé en 2005).

INDEX

11004323 - (I) - (3) - OSB80° - NOC - BTT
Imprimé en Espagne par LIBERDÚPLEX
Dépôt légal : février 2007